高等教育大众化研究

高　虹　康　婧　冉景太　著

中国财富出版社有限公司

图书在版编目（CIP）数据

高等教育大众化研究/高虹，康婧，冉景太著．—北京：中国财富出版社有限公司，2020.8

ISBN 978－7－5047－7211－4

Ⅰ.①高…　Ⅱ.①高…②康…③冉…　Ⅲ.①高等教育—大众化—研究—中国　Ⅳ.①G649.2

中国版本图书馆CIP数据核字（2020）第150171号

策划编辑　李　丽　　**责任编辑**　戴海林　于珊珊

责任印制　尚立业　　**责任校对**　孙丽丽　　**责任发行**　杨　江

出版发行　中国财富出版社有限公司

社　　址　北京市丰台区南四环西路188号5区20楼　　**邮政编码**　100070

电　　话　010-52227588转2098（发行部）　010-52227588转321（总编室）

010-52227588转100（读者服务部）　010-52227588转305（质检部）

网　　址　http：//www.cfpress.com.cn　　**排　　版**　北京汇智博睿文化传媒有限公司

经　　销　新华书店　　**印　　刷**　北京九州迅驰传媒文化有限公司

书　　号　ISBN 978－7－5047－7211－4/G·0746

开　　本　787mm×1092mm　1/16　　**版　　次**　2021年2月第1版

印　　张　5.5　　**印　　次**　2021年2月第1次印刷

字　　数　117千字　　**定　　价**　48.00元

前　言

高等教育大众化是教育改革推进的必然趋势，对国民整体素质的提高和国民经济的增长有着其他教育体系不可替代的作用。近年来，在教育改革的不断推进之下，高等教育得到了不错的发展，不仅在招生数量方面有所提升，就连整体教育质量都有所提高。总体来说，我国高等教育发展的步伐还是非常踏实的，所取得的成就也是有目共睹的，但同时在发展的过程中仍受多方面因素的影响，还是存在很多的问题，比如部分教育质量下降、高校毕业生就业难、毕业生思想素质弱等，这些问题都让高等教育的发展脚步越来越慢。就此情况，就需要政府、高校共同努力，构建符合发展高等教育理念的模式以及体系，以全面提升高等教育质量。

著者

2020 年 8 月

目　　录

第一章　高等教育大众化的发展理念

第一节　马丁·特罗高等教育大众化理论概述

一、马丁·特罗高等教育大众化理论产生的历史背景

美国著名教育社会学家马丁·特罗教授的高等教育大众化理论产生于20世纪70年代，其理论主要是以美国本土高校的高等教育大众化发展为样本，以西欧的高校为参照提出的。

第二次世界大战后，世界各国政府和教育界人士对教育的重视程度日趋加强，他们把教育看作推动社会经济发展的重要动力之一，同时把高等教育也放在了突出的战略位置。他们认为，高等教育不仅仅是社会运行与发展的一个环节，更重要的是，高等教育的良性发展还可以带来巨大的经济效益。

随着科技的进步、社会观念的不断更新、人们生活水平的日益提高，世界政治、经济、文化发展已经进入了一个新的历史时期。人们可以获得接受更高层次教育的机会，接受教育的水平不再以身份、地位、财富作为标准，大众认为高等教育不应被少数人垄断，而应向全社会广泛开放。就是在这样的教育思潮的推动下，西方国家的高等教育的规模在20世纪五六十年代进入了急剧扩张的时期，高等教育大众化理论也就在这一时期应运而生。

苏联成功发射第一颗人造地球卫星之后，美国国内相关领域深深感受到了巨大的威胁，美国开始认识到维护国家安全的一个重要因素就是拥有发达的高等教育。于是，美国于1958年颁布了《国防教育法》。高等教育轴心论和人力资本论就是在这样的社会认知基础上产生的。高等教育轴心论者认为高等教育系统是社会的轴心。高等教育轴心论和人力资本论为美国大量增加对高等教育的资金投入和政策变革提供了理论依据；为精英高等教育向大众高等教育迈进做好了思想和舆论准备。科技的进步和经济的高速发展也要求劳动者接受更多的教育，以便使劳动者能够在飞速变化的环境中谋求更多的生存与发展机会。高等教育给人们的社会生活、经济生活以及政治生活都带来了难以想象的冲击和影响。

在这样的特殊的历史背景之下，马丁·特罗教授运用跨学科的研究方法，构建出系统的高等教育大众化理论，其理论是建立在西方发达国家高等教育规模扩张和实践基础之上的，其理论基础和价值取向更多地受到了西方国家高等教育传统和社会政治、经济制度的影响。

二、马丁·特罗高等教育大众化理论的基本内涵

20世纪70年代初期，马丁·特罗教授对第二次世界大战后美国和西欧等国家的高等教育发展历程和状况进行了深入的系统研究，接连撰写了《从大众高等教育向普及高等教育转化的思考》《高等教育的扩张与转变》《从精英向大众高等教育转变中的问题》等论文，逐步深入地阐述了其关于高等教育发展的三个阶段理论。

马丁·特罗提出，一些国家的高等教育，在其教育规模能为15%以下的适龄青年提供学习机会时，它的精英性质基本上不会改变。当其教育规模达到适龄人口的15%时，高等教育的性质开始向大众化改变。如果这个过渡成功，大众高等教育可在不改变其性质的情况下，增大其教育规模，直至其容量达到适龄人口的50%。当教育规模超过适龄人口的50%时，即高等教育快速普及时，它必然创新高等教育性质。据此可以得出，当一个国家适龄青年中接受高等教育的人口比例小于15%时处在“精英高等教育（Elite Higher Education）”阶段，在15%～50%时处在“大众高等教育（Mass Higher Education）”阶段，大于50%时处在“普及高等教育（Universal Higher Education）”阶段。

必须要指出并强调的是，高等教育发展三阶段论不仅是包含数字维度（适龄人口入学率）的一种高等教育发展阶段的划分方法，更是包含高等教育不同发展阶段的内在质的变化维度的概念。马丁·特罗从量的积累到质的飞跃这一发展观出发，系统论述了高等教育在由精英向大众及普及阶段的转变中所呈现的量和质的11个维度的变化与区别，包括高等教育规模（适龄人口入学率）、高等教育观、高等教育的功能、教育内容和课程、教学形式和师生关系、学生的经历、领导与决策、学术标准、入学选拔方式、学术管理方式、学校内部管理，高等教育发展三阶段11个维度的变化与区别如表1-1所示。

表1-1　高等教育发展三阶段11个维度的变化与区别

维度	阶段		
	精英高等教育	大众高等教育	普及高等教育
高等教育规模（适龄人口入学率）	15%以下	15%～50%	50%以上
高等教育观	少数人的特权	有资格者的权利	一种义务

续表

维度	阶段		
	精英高等教育	大众高等教育	普及高等教育
高等教育的功能	培养学术精英与统治者	培养更广泛的精英，包括所有技术和经济组织的领导阶层	为发达工业社会大多数人的生活做准备
教育内容和课程	高度结构化和专门化（必修课和学年制）	模块化、半结构化、灵活性、学分制	仍有模块课程，非结构化，课程之间的界限被打破
教学形式和师生关系	重师承关系的导师制、个别指导或讨论式教学	师承关系弱化，以课堂讲授为主，辅之以讨论式教学	形式更加多元化，更多地运用现代教育技术和手段
学生的经历	中学毕业后直接进入大学，住校且连续学习取得学位，辍学率低	多数学生中学毕业后直接入学，入学更容易，学生水平参差不齐，辍学率高，住校、走读相结合	延迟入学比较普遍，中途辍学者增加，多数学生有就业经历，大部分学生走读
领导与决策	少数英才	决策程序更民主并受相关利益集团影响	公众及各种利益集团更多地介入决策
学术标准	共同的、较高的标准	标准相对多样化	标准更加多样化
入学选拔方式	选拔性的（以中学成绩或高考成绩来选拔）	准选拔性的（成绩标准加非学术标准）	非选拔性的（对有升学愿望和资格的所有人开放）
学术管理方式	学术人员兼任行政职务，选举或任命制、任期制	主要由专业管理人员承担	高度专业化的管理人员大量出现
学校内部管理	教授治校，元老级教授垄断	管理中青年教职员和学生有一定管理权	广泛的民主参与

目前，三个阶段的划分被广泛地运用于各国高等教育的比较研究和有关发展政策的制定中。我国习惯把高等教育由精英阶段走向大众阶段乃至普及阶段的发展过程称为高等教育大众化或高等教育大众化进程，这是一个量的扩张与质的变化相统一的发展过程。由于马丁·特罗理论对高等教育大众化发展的贡献和广泛影响力，马丁·特罗理论往往被称为高等教育大众化理论。

三、马丁·特罗高等教育大众化理论的贡献

马丁·特罗教授的高等教育大众化理论由阶段论、模式论、质量观和就业观组成。其高等教育大众化理论在世界高等教育理论界有着重大影响，主要体现在以下几个方面。

（一）对高等教育大众化阶段论的贡献

马丁·特罗教授对于高等教育大众化阶段论最大的贡献就在于他创造性地把高等教育

的发展通过量和质结合起来看待，同时他还引入了高等教育毛入学率这一概念，并且把这一概念作为衡量一个国家高等教育规模扩张程度并划分其历史发展阶段的量化指标。

这个量化指标在以往的高等教育发展的历史上是不曾出现过的，以往高等教育发展的历史总是停留在理论的讨论阶段，这对于各国高等教育的发展来说过于空洞和虚幻，在实际的操作中不好把握。而马丁·特罗教授的高等教育大众化阶段论，在实践上给各国高等教育大众化的快速发展提供了一个可以量化的参照系数。

这个参照系数既揭示了高等教育大众化阶段论的普遍规律和趋势，也全面而充分地揭示了其三个阶段的不同特征；既阐明了高等教育发展过程中量变与质变的辩证关系，也全面而充分地对多个国家高等教育发展历程的量变和质变进行了多维度比较研究。

但是对于这个参照系数，马丁·特罗教授自己也强调，他的三个阶段理论的划分标准没有任何数学工具的支撑，或者说没有统计学上的意义，它是一种想象和推断，是一种根据事实而进行的逻辑推断，是根据其从事高等教育的经验及对当时世界高等教育发展形势的一种判断。

（二）对高等教育大众化模式论的贡献

马丁·特罗教授根据欧美（主要是英国、美国）高校学术人员对待高等教育扩张的态度同他们对于高等教育特有的特点和功能的看法，系统地将对于高等教育大众化理念的探讨和欧美发达国家高等教育大众化的实践研究结合在一起进行了分类。

马丁·特罗教授的高等教育大众化模式论，不仅为我们提供了更好的研究欧美国家高等教育大众化发展道路的方法，而且也为发展中国家，特别是有待大力发展高等教育大众化的中国提供了可供参考的多种选择道路和范例。这样就可尽量避免发展中国家在高等教育大众化的发展道路中多走弯路。

（三）对高等教育大众化质量观的贡献

高等教育质量就是人们对于高等教育达到其预定目标程度的衡量，是人们关于高等教育活动目标及其实现程度的系统看法。这种质量观是具体的、历史的、有针对性的。

马丁·特罗教授对于高等教育大众化质量观最大的贡献就在于他提出了多样化的高等教育大众化质量观。马丁·特罗教授认为，高等教育的大众化就是要求多样化的质量观，在这个阶段原来的那种针对少数精英教育的标准已经不符合高等教育大众化的要求了，少数精英的教育标准仅仅是多样化质量观的一部分，而不是其全部内容。随着终身教育观的日益普及，以前上不起大学、上不了大学的人们都可以进入大学学习，这样就造成了学生身份的日趋多样化。同时与之相适应的学术标准、教学形式、课程设置等也都变得日益多样化，因此高等教育的质量观也自然呈现出多样化的态势。

（四）对高等教育大众化就业观的贡献

当前随着高等教育规模的不断扩大，大学毕业生逐年增多，然而很多的大学毕业生却面临着“毕业即失业”的窘态。马丁·特罗教授从高等教育大众化的视角出发，解说了当前大学生“毕业即失业”现象的本质，批驳了“大学毕业生过剩论”的片面观念，进而阐述了“改造工作论”的思想观点。

马丁·特罗教授认为大学生的就业观应该是和高等教育的功能观息息相关的，有什么样的高等教育功能观就决定了有什么样的高等教育就业观。大学毕业生应该改变精英高等教育下的就业观，即认为毕业就应该找到与自己身份和尊严相一致、相适应的工作的就业观。随着高等教育的大众化，高等教育的功能也随之发生了改变，已经从精英教育阶段塑造统治阶层的心智和个性，为学生在政府和学术专业中充当精英角色做好准备的功能，发展成主要是为了提高人们对于迅速变化的社会的适应能力的功能。这种高等教育功能上的转变，使得学生在高等教育毕业后不应该仅是去选择传统意义上社会地位尊贵的工作，而是应该去从事更大范围的职业，甚至去改造他们所从事的工作。这种高等教育大众化就业观，对当前正向高等教育大众化迈进的发展中国家解决其面临的类似问题具有启发性作用。

第二节　马丁·特罗预警——未来我国高等教育大众化发展可能存在的问题

一、高学历与就业难之间的矛盾

近年来，我国高等教育毛入学率逐年上升，据推断到 2030 年，参加工作的适龄青年中将有一半接受过高等教育，高等教育将培养不计其数的优秀人才，原本需要高学历的工作职位会趋于饱和，无法接纳大量接受过高等教育的人才，届时将会出现高学历与就业难之间的矛盾。

在这样的就业背景下，学生就业将有三个主要方向：一是选择原本只需要中等学历而随着社会经济的发展现在却需要高等学历的职位（简称发展中职位），有的学生是主动选择该类职位并努力用自己的力量使这些职位发生积极改变，而有的学生则是迫于就业压力被动选择该类职位并消极对待。二是选择继续深造，以更高的学历来延迟就业。三是选择在家待业，成为所谓的“啃老族”。第一种选择与马丁·特罗教授的观点相一致，发展中职位将会成为就业选择的主流，这样一来矛盾便转换为如何使学生主动选择而不是被动选择该职位，即如何转变学生的就业观。

影响学生就业观的因素众多。首先，在我国传统观念中，接受过高等教育的人是“天之骄子”，这样的观念使接受过高等教育的人产生一种优越感，这种优越感在就业时便体现在起薪期望上，当市场提供的就业起薪与其期望相悖时，便会影响其正确就业观的形成。其次，尽管我国自古就有“三百六十行，行行出状元”的观点，但儒家“学而优则仕”的观念也在人们的思想中根深蒂固，不少人认为“大学毕业就应该当官”，这种观点在经济不发达的地区尤为盛行，体现为就业选择中的公务员热。最后，来自亲朋好友的舆论压力，使得毕业生不愿选择发展中职位，因为这些职位在亲朋好友的舆论中可能是“没出息”的选择。

要解决高学历与就业难之间的矛盾，必须树立多样化的就业观，只要努力，各行各业都会是接受过高等教育的学生施展拳脚的舞台。同时，还要转变全社会对于不同行业的固有观念，对在不同行业就业的大学毕业生平等相待。

二、单一结构与多样化需求之间的矛盾

在科学技术飞速发展的当下，产生了许多新的行业。如电子商务 20 多年前还鲜有人问津，而现在已经成为公众普遍认可的行业。预计在未来，世界肯定会发生更多我们意想不到的变化，行业的类别将会越来越多样化，需要多样化的人才来满足并促进行业的发展，这就需要高等教育培养出更多的多样化的人才，进而对高等教育结构的多样性发出挑战。

从我国高等教育现有的大结构来看，一般高校可分为三类：学术型大学、应用型本科高校、高等职业院校。高等教育大众化以来，前两类高校蓬勃发展，而第三类高校则发展缓慢。在培养符合市场需求的应用型人才上，高等职业院校拥有得天独厚的优势，但许多高等职业院校在相关政策的导向下热衷于升格为高级别院校，丢失了自身的特色。

从我国高等教育现有的小结构来看，存在两方面的问题：一是适应科学发展的边缘学科、新兴学科专业设置较少，导致培养的新型实用人才不足。如城镇化建设需要大量的社区服务人才，而相应的社区服务专业设置不足，这些职位只能由一些其他相关专业的毕业生担任，专业性不强的人才反而会给社区服务带来许多问题。二是专业类别划分过细，一些专业培养人才的模式存在大量重合，如小学教育专业的学生要学习小学语文、数学、英语、音乐教育等专业学科，还要学习教师技能等学科，这与汉语言文学专业的学生存在许多学科重合，然而现在一些一二线城市的公办学校在招聘小学语文教师的时候，明确要求应聘人员为汉语言相关专业毕业生，小学教育专业的毕业生没有报考资格。高等教育小结构的不合理使得高等教育无法满足市场对人才的需求，从而导致毕业生的结构性失业，这也给相应产业结构的发展带来了许多问题。

高等教育的相对滞后性要求高等教育结构的设置具有前瞻性，以适应未来市场的需

要。高等教育结构调整要主动面向市场，根据不同行业产业结构变化的走势适当增减专业类别。但是，又不能盲目地依靠市场，要在保障基本学科的基础上建立按产业状态主动调整专业设置的有效机制。

三、大学城与小校园之间的矛盾

随着高等教育大众化的发展，我国开启了轰轰烈烈的大学城建设，并取得了显著成效，几乎每个省都有一座大学城。大学城的建设，扩大了高等教育的吸纳量，让更多的学生享受到了高等教育大众化的成果，整合了不同高校的优质资源，形成了丰富的大学城文化。我国大学城的发展是在政策的引导下，以各高校的校舍聚集于某处的物质建设整合为发展形式的，而不是一些高校由于某种共同的文化或利益聚集到一起的。在其发展过程中，存在着难以打破的高校之间互相独立的界限的问题，不能达到真正的资源共享。

当高等教育大众化发展到大众化后期，开始迈向普及化阶段的时候，高等教育的场所将由大学城转到小校园，接受高等教育的场所不再拘泥于课堂，而是以不同的形式逐渐向所有社会大众开放，凡是能够进行教学与学习的场所都可以被认为是一个小校园。21 世纪以来，随着信息技术、互联网的迅速发展，远程教育应运而生，这极大地改变了传统的高等教育教学形式。而在未来，这些技术的发展一定会更加迅猛，远程教育在高等教育的发展中将占领一席之地。远程教育的最大优势是其便捷性，学生不一定要到校园中去，只要有互联网，随时随地都可以上课，届时家庭也可以成为学习的场所，一个家庭便可以称之为一个小校园。但如同电子书不可能取代纸质书一样，小校园也不可能取代大学城，不过小校园的发展会给大学城带来一定的冲击。

大学城在发展过程中将面临两个突出的问题：一是规模问题，大学城的建设应控制在一定的规模内，否则随着高等教育大众化的发展，将会造成大量的资源浪费。二是融合性问题，即大学城如何才能将众多小校园融合起来，使各所高校的优质资源得到整合和共享。

四、政府与市场之间的矛盾

部分学者将教育视为市场经济的最后一片“净土”，反对高等教育向市场开放。市场经济的发展需要高素质人才和科研成果，市场的发展向高等教育提出了新要求。政府与市场之间的矛盾在于政府要不要放手让市场来调节高等教育的发展。坚持不放手，能保障高等教育的事业性，但高度的计划性和统一化管理以及经费的短缺，会延缓高等教育的发展；而放手让高等教育进入市场，通过融资和投资，市场可以给高等教育的发展提供大量的经费，市场的调节作用能够提高高等教育的效率，使高等教育得到良好的发展，但市场本身的营利性与高等教育的事业性相冲突，有可能为了营利而不顾高等教育本身的发展规律。

分析利弊，政府可以适当放权，让高等教育逐渐适应市场经济的大环境，适当减少高等教育中计划的成分，在遵循按教育规律办学的基础上，使市场发挥其调节作用，在政府和市场的合作努力下，促进高等教育大众化的发展。

第三节　马丁·特罗高等教育大众化理论对中国高等教育大众化发展的启示

对马丁·特罗高等教育大众化理论进行分析，得出高等教育发展的三个趋势：多样化、开放化和民主化。这三个趋势正是解决高等教育大众化发展过程中存在问题的措施，也是马丁·特罗高等教育大众化理论对我国高等教育大众化发展的启示。

一、高等教育发展应走向多样化

高等教育发展应走向多样化，其内涵十分丰富。高等教育发展多样化主要包括实现培养目标多样化、促进教育方式多样化、推动高校评价多样化。

（一）实现培养目标多样化

在高等教育由大众化阶段发展到普及化阶段初期时，高等教育与中等教育的衔接不再紧密无间，进入高等教育的学生不再仅限于适龄青年，高等教育将面向所有人开放，学生的结构日益多样化，多样化的学生也向高等教育提出了培养目标多样化的需求。

高等教育的科研、教学和社会服务三大职能，对应到高校类型分别为学术型大学、应用型本科高校和高等职业院校，高等教育的三大职能缺一不可，三种类型的高校在发展中也必须各司其职、共同发展。

学术型大学全面开展科研活动，努力发展硕士点、博士点，培养研究型人才；应用型本科高校和高等职业院校全面开展教学活动，了解市场的需求，丰富学生的实践课程，锻炼学生适应社会的能力，努力培养应用型人才。

随着我国高等教育迅速进入大众化教育阶段，应用型本科高校普遍明确了培养应用型本科人才的目标定位，由于受传统的“研究型”“专业型”人才培养模式的影响，如何建立应用型本科人才培养的有效途径，如何定位应用型本科人才培养的目标，成了目前最受关注的两个关键问题。目前在应用型本科人才培养方面还存在一些定位模糊的问题，应用型本科教育已逐渐成为我国高等教育体系中一种主要类型。应用型本科人才是应用型本科高校培养的具有一定的科研成果创造转化能力的人才。他们要掌握一定的基础理论知识、

取得一定的科研成果，同时面向社会、面向生产经营第一线，是应用型本科高校根据社会实际需求所培养出来的合格人才。

在我国高等教育发展的过程中，高等职业院校主要以专科院校和民办高校为主，与学术型大学和应用型本科高校相比，其发展相对缓慢。这一现象出现的原因有很多，如政府的重视程度不够、社会的认同程度不高、生源相对稀缺等，但最主要的原因是高等职业院校缺乏准确的定位。高等职业院校在发展过程中应结合自己的性质、任务和特点，制定学校的培养目标，突出自身实践性强的特色，以特色办校，在保证培养学生基本素养的基础上，加强学生与社会之间的联系，重视学生社会实践能力的培养，培养多样化的人才，以满足市场对实用型人才的需求。

在我国高等教育发展的大众化和普及化阶段，都会存在就业难的问题，解决这一问题的措施涵盖方方面面，其中，实现培养目标多样化是解决这一问题的重要途径。培养目标多样化便意味着培养出的人才能够适应市场的需求，同时还意味着培养出的人才不再将就业局限于需要高等教育资格的职位，而可以将眼光扩展到发展中职位，学生能够在选择适合自己职位的基础上，通过自身努力勇于改造发展其所选择的职位。

要想解决就业难的问题，在实现培养目标多样化的基础上，还应重视对应届毕业生的就业指导，促使其树立多样化的就业观。高等教育的毕业生，是每年就业市场的主力军，高校有义务在学生学习的过程中培养其多样化的就业观。首先，培养学生平等的职业观，向学生展示不同职业的优缺点，使学生在学习的过程中明白职业地位无高低的道理；其次，引导学生更好地了解自己，通过自我分析和互相评价明确自身的优缺点，从而选择适合自己的职业；最后，分析不同行业的特点，帮助学生了解不同的行业，培养其敢于改造自己的勇气。除了学生外，全社会也应该树立多样化的就业观，树立平等的职业观，因为在毕业生进入社会时，如果社会的就业观与其就业观不同，也会阻碍其选择合适的职业。多样化就业观在解决就业难问题的同时，更能使人才学有所长，从而促进社会的发展。

（二）促进教育方式多样化

从古代的一对一的家庭教育，到近代的私塾教育、学校教育，再到现代的远程教育，教育模式日渐丰富。从师生之间亲密无间的交流，到师传生受，再到师生讨论，高等教育的教育方式也越来越多样化。

21 世纪网络时代的到来，使得高等教育的教育方式更加丰富，其中以 MOOC（Massive Open Online Courses，大规模开放在线课程）为代表。自 2012 年以来，MOOC 开始在全球大规模迅速发展，展示了网络课程的魅力，丰富了高等教育的教育方式。任何人，只要有学习的意向，在家中便可以依靠互联网，通过观看视频、进入虚拟教室、参与论坛讨论等形式进行学习，还可以自由选择众多国际名校的课程。MOOC 的最突出特点

在于其实时的交互性，这一特点解决了学生与教师无法实时交流的问题，学生通过互联网可以与教师进行实时交流，学习者之间也可以相互合作，拓宽了知识的广度和深度。作为一种新兴事物，MOOC的发展也不可避免地存在一些问题，如学术诚信问题、学习完成率低、中途退出率高、学习基本靠学习者的自主性等。但问题存在的意义在于解决，只要有正确的指导和规范，MOOC的发展前景不可估量。

（三）推动高校评价多样化

对高校的发展水平给出准确的评价，既能对高等教育进行宏观调控，又能给高校的发展予以正确引导，还能提高高校培养人才的质量，其重要性可见一斑。

1．评价主体多样化

到高等教育普及化阶段初期，进行高等教育已经成为一项义务，50%以上的人都会接受高等教育，与高等教育有关的人会越来越多，高等教育也会受到人们越来越广泛的关注，关注高等教育的公众在性质上越来越多样化。凡是与高等教育有关的个人与单位，都可以也必定会成为高等教育的评价主体。按高等教育经费来源划分，高等教育的评价主体可以分为政府、个人和社会，不同的主体有其自身不同的利益诉求，如何平衡多样化的利益诉求，是评价主体多样化的关键。

在我国，急需建立一些有权威性的民间评价团体，代表多样化评价主体的不同利益。首先，这些团体可以通过民间集资的方式以公益企业的形式生存，这样既保障了其在进行评价时的中立地位，也可以在一定程度上使其在评价时能够合理地接受政府指导；其次，这些团体必须有完整的规章制度和自我监督体系，以保障其在评价时的公平公正；最后，这些团体应秉持公开的原则，接受来自社会各界的合理监督和建议。目前，我国有一些类似的团体正在发展，但发展过程中存在诸多问题，问题的产生与自身体系不健全有关，也与高等教育发展的大环境息息相关，但是随着高等教育大众化程度的加深，一些问题将会迎刃而解。

2．评价标准多样化

高等教育发展到普及化阶段，不同类型的高校将会百花齐放、共同发展，而高校类型的多样化，要求高等教育评价标准的多样化。针对不同类型的高校，应给出不同的评价标准。

在对学术型大学进行评价时，应加强科研基地建设、科研项目和科研成果的数量与质量等科研指标在评价标准中的权重；在对应用型本科高校进行评价时，应加强师资队伍、学生发展情况等人才培养指标在评价标准中的权重；在对高等职业院校进行评价时，应加强实践基地建设、校企合作水平、学生实践能力等实践指标在评价标准中的权重。在对高校进行评价时，要改变以统一的评价标准评价所有高校的局面，通过不同的评价标准对其发展给出客观的评价，这样才能更好地促进高等教育的发展。

3. 人才评价多样化

在高等教育发展的不同阶段，有着不同的人才评价标准。马丁·特罗高等教育大众化理论中的人才评价标准体现为多样化的质量观，即价值增值质量观。价值增值质量观是针对不同的学生，采用不同的质量观。面对高等教育普及化阶段千差万别的学生，高等教育应树立多样化的质量观，如果还坚持高等教育精英化阶段单一的质量观，则已不合时宜。

针对不同类型的高校培养出的不同人才，评价应趋向多样化。针对学术型人才，应持有学术的质量观，学生参与科研的情况、发表科研成果的数量、对其学术领域的贡献等，是评价其是否为合格学术型人才的标准；针对应用型人才，应持有实践的质量观，学生的实践操作能力、适应社会的能力、对其职业领域的贡献等，是评价其是否为合格应用型人才的标准。除了学术的质量观和实践的质量观，还有许多不同的质量观，只要学生通过接受高等教育达到了其进入高等学校时的目标并在完成高等教育后利用其所学内容为社会做出了一定的贡献，其所代表的质量观便是可行的。

二、高等教育办学应走向开放化

科学技术的发展，加快了全球化的发展，缩小了国与国、人与人之间的距离，与此同时，我国也制定了对外开放的基本国策，使我国走上了现代化道路。在这样的时代背景下，高等教育发展的开放化程度将日益加深。高等教育办学走向开放化应做到改革高校内部管理制度、加强高校之间的协作与交流、积极利用市场因素。

（一）改革高校内部管理制度

现阶段，我国高校的内部管理基本是按专业类别将内部划分为不同的院系，对每个院系进行相对独立的管理。高等教育发展到普及化阶段，专业之间的界限将被打破，现有的院系结构将难以应对这一现象的出现。马丁·特罗教授认为美国高等教育之所以发展迅速，一个突出的优势是美国高等教育的学分制。学分制在我国的发展，实质上是高校逐步开放化的体现。学分制的引入，使我国大部分高校教学管理由学年制转变为学年学分制。随着学分制实施力度的加深，部分高校开始逐步实施完全学分制。

学年学分制以学年为单位，学生在规定的学年内修满一定的学分，课程的选择半自由化，院系之间的交叉点为部分选修课。学年学分制在高等教育大众化阶段有其必要性，而到了高等教育普及化阶段，进入高等教育的学生普遍延迟入学，或时学时辍，他们不一定能在规定的年限内读完、修完所有的学分。普及化阶段的学生接受高等教育的目的不尽相同，他们想学习的知识也不一定仅限于单一专业，只有完全学分制才可以适应普及化阶段对高等教育的要求。完全学分制是指学生修满一定的学分即可毕业的教学管理制度。学生可以自由根据自身的需求选择学习年限、课程、任课教师等，只要修满一定的学分就可以毕业，学生的选择可以在不同的院系之间进行，这样便从根本上加强了院系之间的联系，使院系之间相互开放、相互融合，达到资源共享。完全学分制的形成是一个循序渐进的过程，就高等教育的学术性质来看，学术型学科完全学分制的开放速度应慢于应用型学科完全学分制的开放速度。完全学分制的实施可以打破院系之间的界限，是改革高校内部管理制度的主要途径。

（二）加强高校之间的协作与交流

大学城的建设，缩短了高校之间地理位置的距离，也有利于扩大高校之间的开放化程度。目前，我国大学城内的高校还是相互独立的，仅在个别院校之间签订了合作协议，在一定程度上共享优势资源，但是学生想要在校与校之间转换专业，几乎是不可能的；在没有签订合作协议的高校之间，交流则更加匮乏。

完全学分制的发展不仅可以加深高校内部开放化的程度，也可以扩大高校之间开放化的程度。学生可以在对比不同高校之间的专业后进行自由的选择，这样可以加大高校之间的竞争，在竞争的过程中促使高校之间相互交流、资源共享，从而逐渐扩大开放化程度。完全学分制的本质与 MOOC 模式本质有一定的共通性，是高等教育未来发展的大趋势。完全学分制的发展和高校之间协作与交流是相辅相成、相互促进的。

（三）积极利用市场因素

我国悠久的历史、灿烂的文化给我国高等教育发展以深厚的文化底蕴，但也使我国高等教育的发展显得与市场有些格格不入，高等教育被拘于象牙塔内不肯全面向市场开放。

高等教育全面向市场开放，不是要高校一味地迎合市场需求，而是要高校在符合高等教育发展规律的基础上与市场进行自由合作，两者在平等自由的基础上达到互惠互利。此外，也不是要高校向市场一下子敞开大门，而是要两者在合作的过程中逐步探索，在探索的过程中逐步解决各种问题，从而形成一种正确的合作模式。更不是要完全沿用他国开放的模式，而是要在开放的过程中探索适合我国国情的模式。开放化作为一种观念，应该普遍存在于我国高等教育的发展中，在开放化观念的指导下，打破各主体相互之间的隔阂，迎接高等教育普及化阶段的到来。

三、高等教育管理应走向民主化

高等教育普及化阶段的到来，将给高等教育带来的突出改变就是越来越多的人参与到高等教育中；越来越多的人与高等教育有关，高等教育需要尊重越来越多的人的权利；民主化是高等教育普及化阶段发展的必然趋势。高等教育管理民主化包括实现管理主体多元化、推进行政权与学术权分离、健全民主监督制度。

（一）实现管理主体多元化

政府作为办学主体，其提供经费建立的公办高等院校在我国高校体系中占有绝对的主导地位，基于此，较为单一的办学主体使我国高等教育管理主体同样单一。

实现管理主体多元化，首先要实现办学主体多元化。在我国，虽然政府鼓励社会团体和公民个人依法办校（民办高校办学主体与公办高校办学主体不同，民办高校的办学主体有私人、企业、众筹者等），但其在我国高等教育的办学主体内的地位仍有待提高。高等教育大众化的进程给民办高校的发展带来了机遇，其巨大的发展潜力仍有待挖掘。

（二）推进行政权与学术权分离

行政治校，还是学术治校，这是我国高校管理讨论的焦点。高等教育大众化阶段，紧密的学术联系使得师生之间的观念和利益冲突较少，学术治校是一个好的选择。到了高等教育普及化阶段，师生之间不再拥有较多共同的观点，他们之间的各种冲突会越来越难以控制，此时只有推进行政权与学术权分离才可以有效地化解这些冲突。

（三）健全民主监督制度

高等教育管理要防止权力过度集中，要健全民主监督制度。政府、教师、学生、工作人员和社会群体，凡是与高等教育有关的个人、社会团体和政府机关都需要通过健全民主监督制度参与高等教育管理。为了使这些主体更好地参与高等教育管理，关键要提高其参与管理监督的意识，使其了解高等教育的发展与社会中的每个人都息息相关，参与高等教育管理监督是他们的权利和义务。

第二章　国外高等教育大众化的发展比较

第一节　日本高等教育大众化经验及启示

一、日本高等教育大众化历史沿革

1966年日本高等教育的在学人数占适龄人口（18～21岁）的比例已经超过了15%。根据马丁·特罗的高等教育大众化理论，日本是仅次于美国，从高等教育精英化阶段进入大众化阶段的国家。步入了高等教育大众化阶段后期的日本，在高等教育的管理制度、资金支持与学生学习模式等多个方面出现了非常大的改变，不断增多的成年人开始进入高等院校进行再教育，这和马丁·特罗的高等教育大众化理论中所讲述的特点是有区别的，因此有学者认为日本在这个时期的高等教育并没有像马丁·特罗的高等教育大众化理论中所说直接走向普及化阶段，而是进入了高等教育“后大众化”阶段。

（一）扩张期（第二次世界大战后至20世纪70年代）

如果日本大正时期（1912—1926年）是其高等教育接近大众化阶段的第一步，那么战时体制时期则是第二步。这期间，日本高等教育的发展主要包含了两个原因：一是师范教育纳入了高等教育范畴；二是日本大学理工科专业大幅度扩充。第二次世界大战之后，日本对以高等教育为主的教育制度进行了改革，对日本高等教育进入大众化阶段起了决定性的作用。

由于第二次世界大战的战败，日本国内经济持续下降，到1955年之后，经济才恢复到战前时期的水平。虽然经济水平影响着一个国家的教育水平，但是日本在经济萎靡不振的时期，高等教育入学人口的增长趋势并没有随之下滑，入学人口增长的主要原因是战后日本社会阶层的结构流动，“学历主义”开始盛行，日本中等教育的发展步入大众化阶段，这种高等教育与中等教育改革并行的机制，对日本高等教育规模的扩大是有极大影响力的。第二次世界大战后，在日本，几乎所有类型大学的生源地入学的学生比重都大幅度提高，原因是大学走读制度的创立大大降低了当地学生的教育费用，日本的高等教育在这个阶段向低收入阶层的学生降低了入学门槛。

由于历史原因，日本高等教育中存在重文法轻理工的情况，这种高等教育结构已经不能适应第二次世界大战后日本经济的发展需要。为了适应技术革命的发展，日本政府从1961年开始大幅扩充大学理工科类专业，并制定了一系列政策使理工科大学生在校人数比例迅速增加。1963年，日本高等教育毛入学率就达到了15．4%，初步实现了高等教育大众化。之后，为了适应第二次世界大战后生育高峰所带来的高等教育适龄人口大幅度增加的现状，日本政府又制定了关于调整私立大学结构及规模的政策，使得高等教育规模持续扩增。但这种高速发展也给高等教育质量带来了后续的一系列问题，直接造成了高等教育质量的下降。

（二）平稳期（20世纪70至90年代）

20世纪70年代之后，日本的国民经济进入了持续稳定的发展阶段，由于高等教育规模快速扩增带来了高等教育质量下降的问题，日本政府开始采取多种措施来提高高等教育质量，力图使高等教育持续稳定地发展。这期间，日本政府出台了《私立学校振兴援助法》及《私立学校振兴援助法施行令》，对私立学校的经费投入极大地促进了私立学校的发展，所以，日本的私立学校承担了日本高等教育大众化的主要任务，推进了日本高等教育的稳步发展。

1971年6月，日本中央教育审议会向文部省提出了《关于今后学校教育整体扩充改善的基本政策》的咨询报告，这个文件也成为日本20世纪70年代以来教育改革的纲领性文件，是日本继明治初期和第二次世界大战后两次重大教育改革后的第三次教育改革的主要依据。20世纪80年代中后期，日本的经济发展水平及国民生活水平相较之前已有明显提高，国民想要接受高等教育的意识也越来越强烈，为顺应高等教育发展需求，日本在这期间进行了一系列高等教育改革，主要体现在以下几个方面。

首先是开放高等教育机构，大学面向广大社会人士，包括在职人员、社区人员、家庭妇女、老年人群体等，根据不同群体的学习需求开设不同的学科；其次是充实与改革研究生教育，改革入学制度与学科建设，使更多完成本科教育的学生能够进入更高阶层继续学习；再次是加强了高等教育的学术研究机能，用学术成果来解决高等教育质量下降问题；最后是扩充大学教育设施，大力发展广播电视大学等措施也为高等教育增添了新的活力。

（三）过渡期（20世纪90年代至今）

20世纪90年代后，日本高等教育开始从大众化阶段向普及化阶段过渡，过渡期间日本通过修订《大学设置基准》，倡导大学应向社会开放，打破了传统高等教育在时间和空间上对社会人士的限制。1998年，日本大学审议会提交了《关于21世纪的大学愿景与今后的改革方案——在竞争环境中彰显个性的大学》的咨询报告，对21世纪初日本高等教育的发展及改革做出了全面规划。2001年6月11日，日本第10次经济财政咨询会议审议并通过了文部科学省制定的《大学结构改革方针》。总的来说，20 世纪 90 年代以来，日本对大学的改革主要有四个方面：一是在教育内容和教学方法上对本科教育进行改革；二是把研究生院建成高水平的教育研究基地，通过质与量的发展进一步充实研究生教育；三是大学向社会开放，面向社会开放其学习场所及教育设施等，为更多的社会群体提供终身学习的机会；四是国立大学法人化改革的全面展开。

在这一时期，日本的泡沫经济导致其经济形态崩溃，高等教育适龄青年人口开始急剧减少，因招不到学生使日本的高等教育一度进入尴尬的境地，很多私立大学为了维持收入来源降低了入学标准。日本高等教育在大众化进程中，质与量的矛盾在这一阶段更加凸显，高等教育的入学率出现了增长缓慢甚至下降的现象，使得日本的高等教育发展一直徘徊在普及化阶段的边缘，因此，有的学者提出了高等教育“后大众化”阶段理论，来解决日本这一时期高等教育的发展难题。

日本的人口构架出现的改变对于日本的高等教育发展也形成了非常大的冲击与影响。20 世纪 90 年代出现的高等教育变革形成原因就是人口构架的改变：日本出现了新生人口减少和老龄化愈加明显的倾向，因为新生人口在不断减少，就造成了学龄人口的整体比重慢慢降低，导致高等教育在生源方面出现了较大的问题。

1992 年，日本全国 18 岁人口的数量达到了最高峰，但是从 1997 年开始不断减少。另外，日本老龄化的情况也愈加严重，日本相关部门统计，截至 2016 年 9 月，日本全国超过 65 岁的老年人高达 3461 万人，占全国总人口的比例也达到了 27.3%。基于此种情况，日本的高等教育机构就不得不开始改变发展战略，对教育对象也进行了再次考虑，进而为中、老年人打开了教育门户，更为主动地去吸引他们进入学校。

随着终身教育新时代的来临，在政府的相关指导下，日本高等教育“后大众化”阶段已真正到来了。

二、日本高等教育大众化对我国的启示

（一）在增加学生数量的同时，确保高等教育质量稳步提高

要处理好高等教育的规模、质量与效益三者之间的关系，就要以科学发展观谋划高校的发展、量定高校的规模、提高高等教育的质量和运行效率。高等教育大众化使高校入学人数激增，数万在校生的巨型高校不断涌现，成年人和未取得毕业文凭的青年人在大学课堂上占据越来越高的比例，导致在校大学生的文化素质也参差不齐，部分高校这种大批量、粗放式的办学模式令高等教育的质量不可避免地受到影响，有人甚至批评高等教育大众化使大学成了“垃圾场”。

针对高等教育大众化带来的教育质量问题，日本近 20 年来一直把提高高等教育质量

作为高等教育改革的重点，颁布了多项法令、法案，采取了多种措施，如改善师资力量、充实教学设备、改革教学内容和方法、建立和完善高等教育的评估体系等，以提高高等教育质量，提高高校声誉。

我国在借鉴日本高等教育大众化经验的基础上，应该结合自身的实际情况，采取培养模式、专业设置多样化的方式确保高等教育质量稳步提高，即拓宽专业设置，通过厚基础、宽口径、专业化方式组成综合化、结构性的课程体系，形成一个有较大覆盖面和学科交叉互补的专业课程体系。

（二）调整高等教育结构，实现高等教育结构多样化

为了解决教育机会均等与要求入学者能力和资格差异之间的矛盾，日本政府主要采取灵活和极富弹性的高校招生制度，不同类型和不同层次的高校针对不同情况的适龄青年或成人采取不同的入学政策，既有东京大学、早稻田大学等学术型大学的“严进严出”，也有应用型本科高校的“宽进严出”，更有众多面向大众的高等职业院校实行“宽进宽出”等多种入学方式。

高等教育大众化的过程与多样化是紧密联系在一起的。多样化主要表现在办学主体多样化、办学形式多样化、培养目标多样化、教学内容多样化、培养方式多样化等方面。从日本早期推进高等教育大众化的经验看，在高等教育大众化初级阶段，国家的引导是极为重要的。推进高等教育大众化不能只靠普通常规的四年统招全日制高校，还要更多地依靠民办（私立）高校、短期大学、社区学院、成人高校、广播电视网络高校等。日本在推进高等教育大众化的进程中，后者的作用要远远超过前者，成为支撑高等教育大众化的中坚力量。通过确立这类院校和普通常规高校之间的联系通道，促进它们之间的互补和互助，使高等教育的体系和教育结构日趋完善。高等教育大众化的发展方向不是要求普通常规高校的一元化独自发展，而应是各类高校的多元化共同发展。

作为日本私立大学的两面旗帜，早稻田大学和庆应义塾大学在面对教育市场和高等教育大众化的趋势时，有两种发展策略和选择。前者比较开放，能够接受一些更为市场化的招生和教学方式；后者则坚守传统，不为市场所动。在推进日本高等教育大众化的进程中，它们以不同的方式参与其中，并不僵化地遵循一个模式。这种保持个性和特色的多元化选择，正是推进高等教育大众化所依赖的重要基础。

目前，我国高等教育存在着规模持续扩张与单一公办教育体制之间的矛盾。截至2019年年底，全国共有普通高校2688所，而具有颁发学历文凭资格的民办高校较之要少许多，民办高校能有效降低政府在教育经费方面的压力。民间办学的扩展势必要求高校制度的变革，随着高校层次、类别和学生来源更加多样化以及人才需求的多样化，高校应该改变单一、呆板的人才培养模式，实行更具选择性和灵活性的人才培养模式。

我国可以从以下几个方面实现高等教育结构多样化。

(1) 高校类型要多样化。根据高校发展定位有学术型大学、应用型本科高校、高等职业院校。高等职业院校还可以进一步划分为多科的高等职业院校、单科的高等职业院校。这种高校类型和层次的划分是必要的，是符合社会需求的。

(2) 办学形式要多样化。有全日制的、业余的、广播电视的或网络化的办学形式。

(3) 办学主体要多样化。我国高校在很长时间内都是由公办为主，现在则有国办高校、部委办高校和地方政府办高校，并且已经有了相当一部分民办高校。对民办高校的办学质量，一方面，国家要承担起监督管理的责任；另一方面，民办高校自身也要严格要求，规范发展。

(4) 生源要多样化。现在，本科生绝大多数是应届高中毕业生及少数往届毕业生，将来可能会有一些已经接受过高等教育的学生还要重新接受高等教育，要预计到这些不同类型生源的求学需求。

(5) 办学模式要多样化。包括学术与职业的交叉。当前，我国的专科教育还是清一色职业化的、专业化的，将来通识教育①将会成为一种基础教育，学生毕业后可以到别的高校里去继续深造。

(6) 培养模式要多样化。专业训练成为高等教育的重要组成部分。这与传统的高等教育培养模式形成了对照，甚至产生了冲突。这就需要在培养模式上进行探索，实行专业教育与通识教育相结合，使高校培养出来的学生，既具有完整的人格、健全的思想，又具有适应社会专业要求的能力。

(三) 加快大学毕业生就业制度的市场化进程

要妥善处理大学毕业生人数剧增与就业市场吸纳能力之间的矛盾。

日本高校对在校生就业指导工作十分重视，帮助学生主动分析就业形势、用人单位情况以及指导学生面试技巧等，为大学毕业生自主择业提供所需要的帮助，从而使大学毕业生能够以积极的心态迎接就业的挑战。同时，由于日本的自由企业制度以及比较成熟的市场经济，使得大学毕业生的就业市场也逐渐走向成熟。

目前我国的大学毕业生就业难并非完全由高等教育大众化所导致，因此我们不能因为目前一定范围内大学毕业生的就业困难而盲目质疑国家高等教育大众化政策的正确性。但就业难却在一定程度上阻碍了我国高等教育大众化的进程。我们应该对高校进行结构性的调整，使高校按照市场对人才的需求设置专业、改进培养模式等。除了进行结构性的调整

① 通识教育是教育的一种类型，这种教育的目标是：在现代多元化的社会中，为受教育者提供通行于不同人群之间的知识和价值观。

外，还可以在教学中进一步加强对大学毕业生的思想教育和就业指导，在实践中进一步探索由就业教育走向创业教育的新路子，这将会在很大程度上缓和，甚至真正解决大学毕业生就业与市场供需矛盾之间的问题，使我国高等教育的人才资源得到更为有效的开发与利用，也使我国的高等教育大众化之路越走越宽广。

第二节　美国高等教育大众化经验及启示

一、美国高等教育的发展历程

美国在创新科技与促进高等教育发展方面取得了较为显著的成就。虽然美国高等教育的发展历史比起欧洲大陆并不算久远，而且最初形态也是效仿欧洲，但随后其发展道路与模式逐渐显现本国特色，并且成为促进美国社会繁盛、国家强大的重要因素之一。如今世界各国开始大力发展高等教育，并且规模日益扩大、高校类型和教育目标也逐渐多样化，高等教育面临重要的转型。美国在第二次世界大战后就已经开始着手应对这些变化，并且成效斐然。

1862 年《莫里尔法案》出台，并在美国快速发展的工业化历程中得到了充分执行。19 世纪末到 20 世纪初，美国国内社会发生了剧烈变化。经济的快速发展使人们不断从乡村向城市迁徙，工业化极大地扩充了人们的职业选择范围并拉大了社会贫富差距，随之而来的则是高等教育体系的现代化转型。亚瑟・M. 科恩（Arthur M. Cohen）称之为，“美国高等教育迄今为止最大的变化都发生在大学转型的 75 年（1870—1944 年），高校形式的变化绝大多数发生在前 40 年，后 35 年则见证了注册人数的巨大增长”。[①]

这一时期，美国高校出现了两大转变：第一，研究型大学不断涌现和学术研究专业化；第二，高校规模的扩大和学科的分化。而这两大转变的背后，是美国进入工业社会后，对高等教育的功能、高等教育的社会意义进行的重新定位。

美国第一所研究型大学是建立于 1876 年的约翰・霍普金斯大学。它的首任校长丹尼尔・吉尔曼（Daniel Gilman）模仿德国大学，将研究生教育和科学研究作为两大首要任务。它从一开始便获得了工业界的巨额捐赠，充足的资金保障了科研活动顺利开展，使它很快成为其他学校的榜样，并成为美国最好的大学之一。据统计，约翰・霍普金斯大学建立仅 20 年后，全美国 60 所主要大学中，每所大学至少有 3 名教授毕业于约翰・霍普金斯大学，其中哈佛大学有 10 名，哥伦比亚大学有 13 名，威斯康星大学有 19 名之多。当时

---

① 亚瑟・M. 科恩，卡丽・B. 基斯克. 美国高等教育的历程［M］. 梁燕玲，译. 2 版. 北京：教育科学出版社，2012.

各大学的教师人数仍比较少，如此规模非常可观。同一时期，哈佛大学在查尔斯·威廉·艾略特（Charles W. Eliot）的领导下也开启了一系列改革。办学理念方面，自然科学与应用型研究受到了充分重视；改革措施方面，兴办研究生院与贯彻学系改革成为推动哈佛现代化转型的两大引擎，驱动着这所传统的教会学院蜕变为世界一流大学。据统计，1815年之后的一个世纪中，超过1万名美国人赴德国考察或留学。深受德国高等教育影响的教育家还有安德鲁·迪克森·怀特（Andrew Dickson White）、斯坦利·霍尔（Granville Stanley Hall）等人，他们分别在康奈尔大学、克拉克大学的建立或转型过程中发挥了重要作用。

随着大学的扩张，其基层组织架构也日趋成熟。学系（department）组织也在19世纪末期得到了长足的发展，显著地促进了学科的分化与学术群体的建立。学系作为一种高等教育的基层组织形式在美国的起源已难以考证，但早期的学院中学科分化程度很低且教师人数较少，设立学系亦无必要。学系最早的雏形可追溯到1825年，弗吉尼亚大学设置的八个学院都被视为实质上的学系。[①] 弗吉尼亚大学成立时，即按照知识领域分设八个学院，各设置一位教授担任学院首脑，负责学院广泛的教学与管理任务，各学院具备专用的房舍，学生在学院内可自由地选修课程。同年，哈佛大学也出台了新宪章，改革的重要举措则是打破年级制，在学院下设立知识领域更为细分的学系。然而，直到19世纪末，学系才被广泛地设立。学系是学院下设的行政管理单位，它在教学、科研与学生管理等方面都拥有广泛的权力。学系内部的教师们也可通过学术委员会或学系首脑轮替的方式充分参与到学系的相关事务之中。教师们学术兴趣相近，长期共同参与学系内部事务，共同体意识不断增强。由此，学系在各学科学术研究领域不断细化的过程中茁壮成长，成了大学的基本组成单元。

美国内战结束后至第二次世界大战爆发前的70多年，美国高等教育体系基本完成了现代化改造。研究型大学如雨后春笋般出现，入学人数与学位授予数也获得持续高速增长。全国18岁人口中上大学的人数占比“在1890年达到了3%，1910年达到了5%，1940年达到了16%”。[②] 大学汇集了教学、研究与社会服务三大职能，逐渐成为社会中知识生产与传播的枢纽。新的学术领域不断出现，科学化的研究方法在各细分学术领域广泛应用与分化，但联邦政府对高等教育的参与程度仍然很低。尽管联邦政府通过《莫里尔法案》为公立大学的兴办提供了资金，但它并没有为大学开展科学研究提供更多的帮助。第二次世界大战以前，美国联邦政府对大学的直接资助主要集中于农业科学，如1940年，

① 陈廷柱，吴慰. 学系在美国大学的诞生与发展［J］. 高等教育研究，2018，39（12）：76-85.

② 亚瑟·M. 科恩，卡丽·B. 基斯克. 美国高等教育的历程［M］. 梁燕玲，译. 2版. 北京：教育科学出版社，2012.

联邦政府拨付近 1500 万美元由农业部用于资助大学中相关研究的开展，除了农业部以外，其他部门与大学的联系很少。换言之，第二次世界大战以前联邦政府对非农业研究的资助是微不足道的。[①] 私人资助方面，尤其是钢铁、石油、纺织、铁路等工业大亨，为蓬勃发展的高等教育提供了大量捐赠。许多传统私立名校正是借助这些捐赠而获得了转型，另一些大学则正是在获得巨额捐赠的背景下成立的，它们迅速发展并成为新的顶尖私立大学。

第二次世界大战以后，美国高等教育大众化发展速度加快。1945 年到 1975 年的 31 年，大学入学人数从 200 万增加到 1100 万。[②] 随之而来的则是学校和教师数量的快速增长。综合型院校、社区学院、文理学院、网络大学等多种办学主体都能在高等教育体系中找到合适的位置。高等教育便能更好地服务于社会，服务于不同个体对高等教育的多样化需求。第二次世界大战后美国高等教育的大众化发展，一方面得益于《退役军人重新适应法》，这一法案的出台直接为上百万名退役军人提供了进入高等教育体系的机会。一时间，美国高等教育体系面临大量的退役军人的“冲击”。另一方面则得益于美国适龄青年人口规模的不断增大，而他们基本都接受了高中教育。19 世纪末美国的高中教育还保留了大量职业教育的内容，而第二次世界大战后美国的高中教育完全成为大学的预备阶段。经济发展既改造了高中和大学的课程与功能，也使青年人接受高等教育成为他们在事业上获得成功的基础条件。因此，人们愿意花费更多的时间和金钱去接受良好的高等教育。

与第二次世界大战前相比，这一阶段的高等教育发展中，联邦政府对科研的资助显著增强，但公司、基金会和私人捐赠仍在该领域占据重要位置。美国高校之间的竞争一直非常激烈，而每所世界一流的高校都必须依靠大量资金才能得以维持，但能够投入高等教育的资金不会一直保持快速增长，因此高等教育的扩张进程在 20 世纪末期有所减缓。高等教育已成为大部分美国人教育的必经历程，尽管它的规模已经较为庞大，亦无法满足所有有相应需求人口的要求。教育机会均等化在此后更加受到重视。与之相应的，则是人们对高等教育质量的更高追求和庞大、复杂的高等教育体系之间存在的差距。因此高等教育质量管控、认证和高等教育国际化也应受到更多关注。

二、美国高等教育的特点

最初的美国的高等教育移植了欧洲的高等教育。在殖民地时期，美国的高等教育深受英国大学办学模式的影响。美国独立后，公立州立大学出现；内战结束后，在吸收他国经验的基础上，从自身资本主义工业和农业发展的实际需要出发，发展和创新本国高等教

---

① 郝艳萍．美国联邦政府干预高等教育机制的确立［M］．杭州：浙江教育出版社，2015.

② 亚瑟·M. 科恩，卡丽·B. 基斯克．美国高等教育的历程［M］．梁燕玲，译．2 版．北京：教育科学出版社，2012.

育，从而迅速地建立起有自身特色的高等教育制度。第二次世界大战后，美国为了保持世界领先地位，同时为了缓解当时其国内的社会矛盾，十分重视高等教育的发展。美国作为一个多元化国家，其历史进程影响了美国高等教育大众化的发展，并且在高等教育大众化的过程中逐渐形成其鲜明的特色。其特色主要表现为教育与科学研究并重且更加注重实用性、高校高度自治性、高等教育多样化以及高校体制创新化四个方面。

（一）教育与科学研究并重且更加注重实用性

实用主义是美国社会的特征之一，这一思想理念同样体现在其高等教育体系当中。“赠地学院”就是高等教育中体现实用主义思想的一个典范。而更为突出的是美国高校在课程与专业设置上自始至终坚持了高等教育应秉持服务社会的思想，人才培养也是以适应社会需求为标准，学生学习目的主要是以学到知识和技能为主，在学习的过程中注重实践能力、动手能力和创造能力的提升。高等院校的科研、教育与社会生产三位一体的职能在此时得到了强化。美国高等院校在大众化发展的过程中逐渐意识到基础理论研究对应用技术研发的重要性，于是基础理论研究与应用技术研究得到了并重发展。科学研究的成功有力地促进了社会发展，同时为教育提供了新知识、新内容，而教育的发展提高了民众素质，造就了许多优秀人才，进而为科学研究和社会生产的高质量发展提供了人力资源保障。

（二）高校高度自治性

美国大学享有的自由比世界上任何国家的大学都要多。美国大学的自治权主要有办学自由、学术自由、招生自由三方面。办学自由主要体现在，任何团体和组织都有权组建学校、无须政府批准即可招聘或任命教授、决定课程设置和学位授予、从各方筹措办学经费、决定学费标准等。学术自由主要体现在，终身聘用制度保障了大学教师享有完全的研究自由、教学自由以及言论自由权利。招生自由主要体现在，学校可以自行拟定招生计划和标准，自主选择学生。美国高等教育不受政府控制，特别是私立高等学校。高度自治这一特点从一定程度上促进了美国高等教育大众化的发展。美国高校的高度自治使得其能够进行自我调整，适应了美国高等教育大众化阶段多样化的发展。

（三）高等教育多样化

美国是个多元化的社会，建立在这一社会基础上的美国高等教育也呈现出多样化的特点。而当美国的高等教育步入大众化阶段后，美国高等教育的多样化也提升到了新的高度，为了适应高等教育大众化阶段多样性的特征，美国高等教育在高校类型、学位结构、学生群体、高校管理等多方面都呈现出与之相适应的特点。

（1）高校类型多样化。高校既有公立的也有私立的，既有教会的也有非教会的。

（2）学位结构多样化。有研究型博士、硕士学位，也有学士学位、副学士学位。

（3）学生群体多样化。根据美国教育机会均等的原则，在美国高等教育中，男女享有均等的受教育的机会；从 18 岁的青年到退休老人各年龄段的公民都可以接受高等教育；因为学习目的不同，有大量来自工作岗位上的在职深造者，或想获得其他职业技能的人员；不同肤色不同文化背景的学生也是美国高等教育学生群体多样化的体现。

（4）高校管理多样化。美国高等教育实行的是分权管理。美国联邦政府不对高校实行直接管理，而是交由地方政府管理。因此，美国高校没有统一的招生标准、院系课程设置标准、教师聘用标准、学位颁发标准。地方分权管理使得高校享有很大的独立性和自治性。在高校内部管理上，学校董事会、校长、教师包括学生以及各种行政人员都参与到高校的管理中。这样的好处是高校可以适时调整自身的办学模式、课程设置、师资任用，以适应所处环境的政治、经济要求。

（四）高校体制创新化

美国高等教育在步入大众化阶段时，高等教育制度出现了创新。在办学主体上有了新的变化，州立大学、赠地学院、社区大学成为吸纳高等教育步入大众化阶段后众多学生的主要高校。20 世纪，美国公立高校的学生数量逐步赶上并超过私立高校，政府投入高等教育的经费也逐年增加。政府大力发展公立高等教育，成为美国实现高等教育大众化的重要原因。在入学资格和选拔标准上，19 世纪的证书录取和综合选拔制度发展为新型的开放招生制度。而学制则变得更加灵活，出现了非全日制、工读交替等学制，满足了不同类型、不同层次学生的需求。在高等教育大众化阶段的课程设置上，为了满足社会发展的需要，在注重基础课程的同时，更加注重实践应用课程，出现了跨学科课程和选修课程。

三、中美高等教育的政策比较

（一）法律方面

美国各项立法相对较为完善，1964 年颁布《民权法案》、1968 年颁布《教育总则法》。这些法案从不同角度规定了少数族裔合法地接受教育的权力，形成了保障少数族裔接受平等教育的制度体系。

我国先后通过《中华人民共和国义务教育法》（2018 年修正）、《中华人民共和国教师法》（2009 年修正）以及《中华人民共和国高等教育法》（2018 年修正）等法规，在促进提升全国高等教育发展水平的基础上为我国部分偏远山区高等教育的实施提供了保障。2002 年，颁布了《国务院关于深化改革加快发展民族教育的决定》，明确规定了要把民族教育工作纳入法制化轨道。此后，《国家中长期教育改革和发展规划纲要（2010－2020年）》以及《国务院关于加快发展民族教育的决定》等一系列文件先后发布，为我国民族教育指明了方向，也为少数民族高等教育的实施在法律层面提供了保障。

（二）资助政策

美国发展高等教育不只是依靠政府拨款这一途径，而是通过多种途径、多条渠道来筹措资金。美国独立战争以后，由于缺乏资金支持教育，所以美国国会通过了《莫里尔法案》，用政府赠予土地的办法支持兴办教育，主要内容是增加对少数族裔高等教育的拨款额度、增加对少数族裔学生的资金扶助等。

自新中国成立以来，我国逐步加大了对教育事业的投入。但是由于我国人口众多，教育资金需求量大，不能完全满足庞大的教育资金缺口，使得我国的教育特别是高等教育的发展相对较为缓慢。改革开放后，我国经济快速发展，国家综合国力逐步增强，政府对教育的投入也逐年增加，但在一些偏远山区，因为经济发展水平相对较低，对教育的资金投入仍有待加强。

因此，要多措并举从多方面、多渠道筹集教育资金。探索逐步加大以地方财政投入为主、中央财政投入为辅的教育投资机制。加强立法的约束作用，把对教育的资金投入作为考核地方政府的硬性指标。可用财政税收政策为杠杆，撬动社会各方的资金，弥补对个别地区高等教育资金投入的不足。可考虑以财政资金为主、社会捐助为辅，建立帮扶贫困家庭大学生的专项资金，帮助贫困家庭的大学生能够顺利完成高等教育。

四、美国高等教育对中国高等教育发展的启示

从 1636 年美国历史上第一所高等学府——哈佛学院建立至今，美国高等教育已经有 380 多年的历史了。美国建国以前成立的九所殖民地学院构成了美国最初的高等教育形态，其理念来源是以牛津、剑桥为代表的欧洲古老而传统的大学。移民者将英国大学的教育思想和教育模式带到美国，形成最初的精英高等教育。针对出身于社会上层并被寄予厚望的年轻人，通过教授他们文法、修辞、逻辑、天文、哲学、伦理、算术、音乐等古典科目，使其能够成为优秀的牧师、政治领袖或绅士型学者。这种基本的理念一直持续到 19 世纪。1801 年，托马斯·杰斐逊（Thomas Jefferson）出任美国第三任总统，在他的支持下美国于 1819 年成立了第一所严格意义上真正的州立大学——弗吉尼亚大学。19 世纪上半期，美国高等教育开始有了新的转变，高等教育机构类型增多的同时逐渐分化为私立与公立两种性质的院校，课程内容在传统人文基础上增添了现代科学，最重要的是高等教育的大门首次为女性和黑人打开。因此，美国高等教育在 19 世纪初开始走向大众生活，但这种改变十分有限，总体还是以精英教育为主导。1862 年《莫里尔法案》的颁布彻底改变了长久以来美国高等教育的发展方向。美国联邦政府为使高校适应且推动社会发展，以法律的形式介入高等教育，鼓励农工技术学院的建立。社会经济、科技的变化加上政府的推动，使美国高等教育由内而外发生巨大改变。内部课程由传统转向实用，外部各类型高

校蓬勃发展。尤其是到19世纪末20世纪初，美国社会吸收来自欧洲各国高等教育的先进经验，逐渐形成自己独特的高等教育体系与发展模式，上有以研究为中心、培养社会各领域精英人才的研究型大学，下有以服务社会大众为目的、为青年提供多种教育形式的初级学院。因此，19世纪60年代到第二次世界大战以前，是美国高等教育发展过程中最重要的阶段，有着承前启后的作用。承前，是指保留了之前学院中经典的、有价值的内容，没有盲目地推翻传统；启后，是指顺应社会发展形势不断增添新的内容，建立新的高校类型，为高等教育大众化时代的来临做好了各方面的准备。这个时期所形成的高等教育形态是现代美国高等教育体系的基本框架。第二次世界大战后，美国高等教育实现了量的突破与质的飞跃，适龄青年入学率到20世纪70年代接近50%。无论是从学生数量、院校特征、入学标准、课程内容还是从高等教育功能来说，美国高等教育都成功实现了大众化。这归功于美国政府的推动政策和社会团体的慈善资助，但最主要的因素还是科技进步和民主化发展所提供的动力。

美国高等教育的大众化经历了一个漫长的过程，其体系不断完备，成为世界各国学习的典范，对于我国高等教育而言，也有重要的借鉴意义。2017年我国高等教育在校生总人数已达3779万人，高等教育的入学率达到45.7%。从数量上来说，几乎已经实现高等教育的大众化，但从高等教育整个体系的发展来说，仍有很多有待完善的部分。在高等教育领域，美国是一个很好的学习对象。美国高等教育起初承袭英国的教育传统，但随着美国社会的变化，其高等教育逐渐放开思想、博采众长，不断充实高等教育的内容、调整高等教育的体系。

我国高等教育可以在一些具体措施中借鉴些许经验。

例如，在漫长的发展过程中，美国高等教育的目标不断扩展，与社会联系愈加密切，最终形成集教学、科研、服务于一身的社会功能。

在教学方面，它不但注重培养职业人才、提供专业的职业教育，而且重视对学生的普通教育，培养学生人文素养、拓展学生科学知识。

在科研方面，研究型大学与政府、企业合作，成为国家科研中心，既推动国家科技发展、培养未来高端科学人员，又与企业联手创造新的技术产品、实现企业与高校的互惠互利。

在服务方面，社区学院最具代表性，它不仅最大限度地为普通民众提供高等教育范畴的学习内容，而且成为一个社区文化教育、经济发展的咨询服务中心。

我国也面临着高等教育转型的任务，它需要为越来越多的民众提供终身学习的机会，将社会发展成果公平地惠及全体人民，扩大高校的人才供给并提升高校创新能力，全面提升学生道德水平、实践创新能力、文化修养、国防素养等。美国高等教育发展的经验可以为中国实现新时期高等教育目标提供些许灵感。

又如美国高等教育资金的来源十分广泛，既有政府对学生的奖学金助学金补贴、对高校研究项目的资助，又有私人基金会的捐赠、校友会的捐赠以及与企业合作获得的收益等，因此无论是公立还是私立大学和学院都能够以从容的状态蓬勃发展，这也为我国高等教育目标的实现提供了经验。

从教育转型的角度考察美国从 19 世纪以来高等教育的变迁，不仅仅是从它与社会互动中发现高等教育大众化的发展脉络、分析其中存在的问题，更重要的是能够在它的发展过程中获取灵感与经验，反思我国当下高等教育大众化阶段的“得”与“失”，以人之长、补己之短，并且对于美国高等教育大众化的经验，我国高等教育应结合自身实际有选择地借鉴，使我国高等教育事业能够取得长足进步，向世界一流水平迈进。

第三章　高等教育大众化的高等教育质量

第一节　高等教育质量概述

一、高等教育质量的含义

高等教育质量是一个多层面、多维度，具有高度复杂性的概念，条件、视角以及立场的不同，都会形成关于高等教育质量的不同观点。

高等教育质量就是对高等教育属性、功能及产品、服务满足各利益主体需要及满足程度高低作出的价值判断。

从经济学角度看，就是从研究分析高等教育投入与产出或成本与效益出发来评判高等教育的质量。第一，考虑教育产品是否符合经济社会发展需要的质的对比。第二，考虑资源消耗与教育产品之间的量的对比。只有教育产品或教育成果促进了经济社会发展、实现了其经济社会效益时，才能称其有用，有质量可言。在现实社会中，高校因办学传统、教育理念、投入水平、质量自控水平等存在差异从而会导致其高等教育文凭含金量的差异，比如，一般来讲，我国 211① 和 985② 院校的文凭含金量与其他院校相比，获得的社会认可度更高。

从管理学角度看，高等教育质量是指高等教育的行为结果与预先所设定的规格标准之间的一致性程度，一致性程度越高，质量就越好，反之则越差。

从教育学角度看，高等教育的质量最终体现在所培养对象即学生的质量高低和素质优劣上。

从社会发展角度看，在 21 世纪，高等教育质量的内涵增加了“促进整个社会的可持续发展和进步”这一新的时代使命。

---

① 211 院校即 211 工程，是国家面向 21 世纪，重点建设 100 所左右的高等学校和一批重点学科的建设工程。

② 985 院校即 985 工程，是指中国共产党和中华人民共和国国务院在世纪之交为建设具有世界先进水平的一流大学而做出的重大决策。1998 年 5 月 4 日，由时任国家主席江泽民在庆祝北京大学建校 100 周年大会上提出。

二、高等教育质量的构成要素

一般系统论认为，各个事物自成系统，并且归属于一个更大的系统，系统的结构以及结构之间的相互关系决定了系统功能的释放。高等教育是一个庞大的复杂系统，伴随着我国高等教育大众化进程的加速，高等教育也愈加的多样化。多样化的高等教育机构、多样化的学科专业类型、多样化的人才培养模式，是一个由多重质量要素所构成的质量系统。因此，高等教育质量不应该是一元化的教育质量，而应是多元化的教育质量，包括高等教育系统的方方面面。

高等教育具有人才培养、科学研究和社会服务三大职能。三大职能发挥的效果如何是衡量高等教育质量的重要指标。

（一）人才培养质量

教育以育人为本，教学是育人的主要途径。以人的全面发展为高等教育质量的根本，要大力提高人才培养的水平和质量。教学是各级各类学校的中心工作，对于高等教育而言，无论是普通高等教育还是成人高等教育以及自学和远程高等教育，对于各级各类高校而言，无论是学术型大学，还是应用型本科高校以及高等职业院校，教学都是学校的生命线。学生对德、智、体、美、劳各种教育内容的内化最终都要通过教学活动得以实现。教育质量首先反映在培养对象即“人”的质量上，体现在学校提出的培养目标中，这既是教学质量的重要内容，也是高等教育质量的重要内容。目前，社会各界一直争论的高等教育质量下降的问题，可以说在很大程度上是指教学质量下降的问题。

（二）科学研究质量

科学研究是高等教育的第二大职能，科研的质量亦是评价高等教育质量的重要标准。自从 19 世纪初期，德国著名的教育改革家威廉·冯·洪堡提出“教学与科研相统一”的大学理念以来，科研在高校中扮演着愈加重要的角色。较之教学成果存在长期性和滞后性，科研成果具有易于量化的优势，现在在很多高校中存在的重科研轻教学的现象，其潜意识就是高校科研职能对高校高等教育质量优劣判断的标准所产生的潜移默化的影响。

（三）社会服务质量

社会服务质量主要体现在高校对社会的贡献度方面。高校社会服务的职能不仅仅体现为为社会培养人才和为社会的发展提供科研成果等形式，更体现为包括提供教育培训、社会咨询、地方发展服务建议、科技成果转化等形式。而教育培训的质量、社会咨询的质量、科技成果转化给高校自身和社会所带来的经济效益以及兴办校办企业所创造的利润就是高等教育社会服务质量的重要体现。

三、高等教育质量的基本内容

教育就其行为来讲是一种特殊的社会生产活动，生产着特殊的教育产品。高等教育提供的是一种公共服务，或者说是一种服务形态的产品。高校向学生提供教育服务的同时，也将培养的学生作为"产品"提供给社会。人才培养质量是高等教育质量的核心，包括教学质量、实践活动质量、科研质量、管理质量四个方面的内容，教学质量是其中的核心。

教学质量是高等教育质量的一个重要方面，它关系着人才的成长和科研水平的提高，教师教学、学生学习以及师生间互动的质量都是它的重要组成部分。提高教学质量的核心是提高教师整体素质，新时期的高等教育中，教师不仅要承担讲授"事实"的工作，还要帮助和指导学生在实践及学术领域构筑属于自己的学术认知及实践经验，只有具备丰富知识储备和深厚专业背景的教师才能够胜任高校教育岗位。一名高水平的教师还应该适当地掌握教育心理学、教育哲学以及语言学等相关的知识，并有能力通过选择教学方法、制定教学计划、规划教学内容、设计教学环节等提高教育工作水平。与此同时，教师在课堂之外也应该关注学生学习及生活情况，努力做到课堂内外都与学生有所交流。

高校中的实践活动质量对全面提升教学质量有着不容忽视的作用。一方面，学生在活动中通过对已有知识的充分理解和融会贯通，在真实的情境中发现问题并解决问题，增强自身学术能力，挖掘自身学术潜能；另一方面，学生能够在活动过程中进一步了解自我，明确未来职业发展方向。丰富的活动往往对资源及人力的要求较高，需要教师、院系和高校管理等部门共同协作，对于不同年级、不同学科的学生，要结合其发展规律和特点，合理设计教育、实践活动的实施方法和评价方式，整合校内外教育资源，动员院系、企业、市场等多方力量参与，结合"以学生为中心"的教育理念，构建既符合当代高等教育教学理论、又符合高等教育质量发展方向的活动体系。

科研质量与教学质量相辅相成，都是高等教育质量的重要组成部分，早在 1977 年，邓小平同志就曾指出"高等院校，特别是重点高等院校，应当是科研的一个重要方面军"。① 钱伟长院士认为"教学没有科研做底蕴，就是一种没有观点的教育、没有灵魂的教育"。② 培养学生获取知识的能力是高等教育机构重要的任务之一，而社会、科学的发展是无止境的，大学就是要培养能够不断为自己进行知识充电、拥有创新素质的人才。一方面，高校中的教学任务主要由教师承担，而教师水平的提高主要依靠做科研工作。一个好教师不仅要研究教学方法，也要不断推进科研工作。另一方面，学生在学习过程中要学会思考问题的方法，让学生尤其是研究生阶段的学生参与科研工作，不仅能提高他们实践能

---

① 出自《邓小平文选（第二卷）》中"关于科学和教育工作的几点意见"（一九七七年八月八日）.

② 钱伟长院士论教学与科研关系 [J]. 山西师大学报（社会科学版），2005（2）：117.

力及团队合作的能力，还能锻炼其表达能力，提升其意志力。

高校中的管理质量涉及方方面面，包括并不限于教学管理、学生管理、教师管理、教务管理以及科研管理等，是以“育人”为目的、人性化的、与物质生产领域不同的特殊管理活动，是高校实现教育目标和教育理念的重要手段。管理者通过组织协调教育队伍，充分运用教育人力、财力、物力等资源，利用教育内部各种有利条件，带领师生有效实现高校工作目标。高校管理主要为提高教学质量而服务，进而提高人才培养质量，人才培养质量的高低受高等教育质量的影响。

四、高等教育质量管理的主体与目的

高等教育质量是评价高等教育水平的尺度，高等教育管理是维持和改进高等教育质量的方法。高等教育质量管理代表了管理者提升高等教育质量所做的努力。提升高等教育质量是一个复杂的系统工程，同时也是一个需要不断完善的动态过程，因为高等教育质量是多维的、动态发展变化的，因此我们更倾向从高等教育质量管理过程的角度考量其作用。自高等教育被赋予除人才培养及科学研究之外的第三项职能社会服务后，高校和社会生产、生活实际更加紧密地联系在一起。

（一）高等教育质量管理的主体

管理的主体，是指掌握管理权力的同时承担相应责任，并能够决定管理方向的有关组织和人员。管理活动中的人一般为不同的利益群体服务，并分别隶属于不同部门和组织，因此主体也可以理解为由不同利益群体所组成的组织或机构。高等教育质量管理过程中的主体是指管理行为的发出者和执行者，一般由两个部分组成，一是促进组织既定目标实现与完成的促进者，即组织的领导者；二是具体执行计划、组织、控制、经营等管理活动的管理者。

国内外专家学者们对高等教育质量管理的主体有着较为丰富的认识，主要有“双主体说”“三主体说”以及“四主体说”等一些观点。“双主体说”认为：高等教育质量管理的主体由内部保障主体和外部保障主体构成，宏观的体制层面主要由国家建立或国家主导建立；微观的学校层面主要由高校自己建立。这种分类有利于人们辨别高校在高等教育质量管理活动中的主动性与被动性。“三主体说”认为：由于各方价值取向的不同，政府、高校和社会将产生不同的质量观，这三种力量在高等教育质量管理体系中为了实现其各自的价值追求，进行价值选择和价值博弈。“四主体说”是在“三主体说”的基础上，将学生也纳入管理主体。高等教育的普及化导致其话语权也发生了变化，学生具备了行使权力的能力和条件，形成了四方鼎立的局面。

从实践运行来看，高等教育质量管理的主体并非一成不变，不同主体说也都有符合其

特性的时代背景。高等教育作为一种准公共产品，一般情况下人们将其管理的主体划分为政府、高校和社会。政府负责制定符合高等教育质量发展规律的法律政策和运行规范及标准；高校是具体的执行者和高等教育质量管理的主要责任者；社会在作为客观存在环境的同时也是高等教育的受益者和监督者。学生是高等教育质量的直接受益人，伴随着高等教育由精英化向大众化以及普及化的推进，作为高等教育质量载体的学生的话语权也得到增强。

尽管国家与地区间的经济、文化、政治发展水平参差不齐，直接导致了其高等教育发展阶段的差异，但政府和高校作为高等教育质量的主要管理者在大部分国家中都是成立的。自改革开放以来我国高等教育由精英化迈向大众化及普及化的进程加快，现在正处于大众化阶段，"三主体说"更适用于我国国内现状。考虑到我国政治经济体制，政府一直在多方主体利益博弈的过程中占据重要地位，在行使管理权力的同时也一直调整着自身在高等教育质量管理过程中的作用与行为。

（二）高等教育质量管理的目的

高等教育质量管理的目的是保证实现并进一步提高高等教育质量，但仅仅将目的局限于此并不能够满足管理活动的需要。提高高等教育质量只是一种手段，促进高等教育质量提高的最终目的是满足社会需求，办好符合人民利益的教育。以"三主体说"为例，政府、高校和社会在高等教育教育质量管理中有不同的价值诉求，尽管最高层次的目的都是为了办好符合人民利益的教育，但在具体工作中它们的目标取向还是略有不同的。

教育的政治性决定了政府必须参与高等教育质量管理，在工作中负责宏观调控和管理。政府在管理过程中有其独特的目的，一方面它需要高校培养符合国家经济发展需求和能提高综合国力的人才；另一方面它还需要通过高校传播社会文化，促进国内共同价值观的形成，增强社会的凝聚力，维护国家统一和民族团结。政府在下放高等教育质量管理权力的同时还要保障高校和社会所追求的高等教育质量必须符合其确定的教育目的。学校是教育的直接提供者。在工作中，高校倾向于将学术水平高低作为衡量教育质量的标准，在知识领域的专业性导致高校对其他质量管理者的排他性。在市场经济的驱动下，政府、高校和社会间的关系日益紧密，高等教育质量标准不可避免地受到市场价值取向的影响。社会需要高校提供符合经济发展需求的专业人才，这种质量追求是当下的、即时的，对于人才未来可能产生的长远利益往往不是它们所考虑的。

高等教育质量管理最直观的目的，是提高人才培养质量，促进高等教育质量的提高，建立健全高等教育质量管理体系。面对一系列利益主体价值目标之间可能存在的冲突，我国必须采取相应的管理措施和手段，在提高高等教育质量的同时兼顾政府、高校及社会自身的需求。一方面，要充分保障高等教育的学术权威，给予高校合理的自治权；另一方面，要将高等教育的创新成果转化成企业的生产力，尽可能地满足社会经济发展需要。最重要的是，要完善国家高等教育质量管理体系，发挥政府监督和调控作用，在大局观视角下提高高等教育质量，在充分倾听各方利益相关者需求的基础上，培育更加符合国家导向、高校教育目标、社会需求的教育产品。

五、我国高等教育大众化对高等教育教学质量的影响

我国高等教育大众化是在长期的精英化教育的基础上实现的。对于大多数高校来说，其在教育理念更新、人才培养规格定位、教学经费投入、师资队伍建设、人才培养模式、教育教学管理等方面并没有做好充分的准备，使得高等教育大众化背景下高校人才培养质量不尽如人意，在一定程度上导致了高校毕业生就业压力日益加大。

教学质量的衡量是一个非常复杂的系统，其标准和措施还不够统一，或者说，还没有一个很完善的衡量体系，但有些关键因素对教学质量有很重要的影响，主要表现在以下几点。

（一）人才培养目标与社会需求的衔接不够

我国高等教育的培养目标除了满足不同的精神消费对象，更重要的是体现在为我国社会主义建设事业输送各类人才，这也是我国高等教育的社会职能的重要体现。在受教育者数量增加的同时，高等教育大众化更应该关注教学质量是否满足我国社会主义现代化建设的不同需求。

近几年，虽然高等教育在办学层次的多样化、培养目标的多样化及适应社会的多样化等方面着力发展的呼声越来越高，政府也在这方面做了努力，但从部分高校的人才培养目标来看，仍然存在定位模糊的现象。从发展定位来说，以层次提升为发展目标，专科升格为本科、本科升格为研究生、学院升格为大学等高校层次升格是很多高校的追求。在教学模式上，大多表现为与本校实际相脱离，盲目借鉴甚至复制名牌大学的模式，人才培养的特色性和针对性没有彰显。

（二）教学经费投入相对不足

规模扩张超前与教学经费投入严重滞后的矛盾始终是困扰部分高校教学质量提高的重要因素。张万朋、王千红在《财政性教育投入与高等教育经费需求匹配特征分析》一文中指出，我国教育规模的扩张主要依赖经济增长和财政支持，我国普通高等教育进入快速扩张以来，全国普通高等学校生均预算内事业费支出，呈现出急剧下降态势，特别是在1997年开始我国普通高等教育开始大规模扩招的同时，我国预算内教育经费增长速度却呈现出回落态势。这充分表明随着我国高等教育从精英化走向大众化，资金需求量的突增凸显了国家财政性投入的严重不足。

（三）师资力量相对薄弱

高等院校的教育水平和教学质量在一定程度上受师资队伍质量的制约。具体体现在以下三个方面：

（1）师生比例过小。2019年我国高等教育教师数量占学生数量的比例为4.37%①，其中新兴学科、应用学科、边缘学科和交叉学科的师生比更低。

（2）部分新入职教师素质有待提高。高等教育大众化造成一定程度的师资短缺，一些新增教师虽具备硕士、博士学位，但由于缺乏系统的教育技能培训和实践经验，在教学过程中难以得心应手。

（3）教师中普遍存在重科研轻教学的思想。一些教师从自身发展的角度出发，高度重视科研，并为获得科研资金和取得科研成果耗费了大量精力，而缺少对教学的深入研究和精心准备，影响了教学效果。

第二节　高等教育质量存在的问题及影响因素

一、高等教育质量存在的问题

（一）行政权力泛化，学术权力削弱

一方面，在我国高校行政权力分配当中，存在着行政权力泛化的现象，部分高校的行政管理中存在着多头管理现象。大多数高校面向社会自主办学的力度有待加强，对地方经济建设的影响有限，妨碍了高校潜力的发挥。另一方面，存在着学术权力削弱现象。

上述两种情况对于高校内部教学质量保障来说是具有一定影响的。行政权力的泛化会导致高校内部在教学管理上的多头领导，这样高校管理就没有一个统一固定的模式。学术权力对于高校的教学质量起着重要的保障作用，它的削弱是教学质量的实质性下降。因此行政权力泛化与学术权力削弱对于提高高校教学质量而言是必须要解决的问题。

（二）教学管理机构不健全

高校办学体制改革不到位，责权不明确，使教学质量的提高缺乏动力。绝大多数高校既存在计划经济时代办学体制的成分，又有市场经济条件下面向市场自主办学的体制改革尝试，高校内部办学的混合管理体制还没有有效地建立起来。例如，一些高校在专业设置上有适应市场经济社会需要的自主权，而人事管理制度则是符合计划经济时代需要的刚性

① 数据来源：中华人民共和国教育部官网，www.moe.gov.cn。

制度，教职人员不能自由进出，造成新专业缺教师而部分教师又闲置的局面，知识更新不及时、工作状态不积极的教师占有一定比例，行政管理人员和教辅人员存在大量剩余。这对教学质量保障体系的管理与运作产生了极大的负面影响，因此教学管理机构不健全的问题也应该得到根本的解决。

（三）分配制度中的平均主义使教师工作积极性降低

不合理的利益分配制度会挫伤教师工作的积极性。教育服务市场与其他商品市场一样，消费者（学生）对交易商品（学校提供的教育服务）质量拥有的信息比商品提供者（学校）要少，经济学把这种情况称为市场信息不对称。一般来讲，它可分为两类，一类是事前非对称信息，如学生在选择学校、专业或课程之前，不了解学校、专业及其课程的价值和任课教师的水平，只有学校自己知道；另一类是事后非对称信息，如进修或教学过程，由于对教师工作是否投入和敬业很难监控和测量，导致个别教师在教学中不备课的现象存在。在现实生活中，前者导致逆向选择，后者被称为道德风险。教学过程中，教师是否竭尽全力也在很大程度上取决于其自身的道德、自律性和良知。此外，由于我国的公立高校完全要依靠国家财政性拨款和学杂费收入，教师工资中的国家拨付部分是全国统一规定的，校内工资部分也要根据技术职称和行政级别来划分，这在一定程度上挫伤了教师对待教学工作的积极性。在这种情况下，需要在校内薪酬分配制度上增加教学绩效奖励方面的规定，让优劳者优酬，让教学质量优异，但科研成果较少的教师同样可以获得与其付出相匹配的收入，否则难以激励更多教师致力于提高教学质量。

（四）高等教育质量保障理论研究相对滞后

一直以来，我国高等教育质量保障理论研究相对滞后。如研究的规范性有待提高，资源共享、信息交流还存在困难，研究成果的评价机制还不够完善，研究队伍素质参差不齐，研究力量分散等。高等教育质量保障研究作为高等教育研究领域的一个内容和方向，除了具有以上所论述的问题外，还存在以下几个方面的问题。

第一，研究不够全面。由于我国高等教育质量保障理论研究与实践探索是以开展教育评估活动为起点的，所以一些研究者和管理者常常将教育评估等同于高等教育质量保障，这是个严重的误区。教育评估仅是教育质量保障的一个主要形式和手段而非全部。近几年来，虽然国内对高等教育质量保障有了新认识和新理解，正在拓展高等教育质量保障的研究领域和研究视角，但将教育评估等同于高等教育质量保障的观念仍普遍存在于各种高等教育质量保障研究成果中。研究不全面还体现在重视高校内部高等教育质量保障体系研究，而忽视高校外部高等教育质量保障体系研究；重视“质”的研究，而忽视“量”的研究；重视认证性高等教育质量保障研究，忽视发展性高等教育质量保障研究；重视高等教育质量的标准化研究，忽视高等教育质量的文化研究；重视政策研究，忽视问题研究等。

第二，理论与实践联系不够紧密。要求理论界对教育实践中提出的新问题进行研究的呼声日益强烈，要求实践界学习新理论的舆论也日益高涨。高等教育质量保障的研究同样面临这样的问题，其表现在高等教育质量保障研究的成果缺乏对教育行政部门、高校和社会中介组织的指导作用，或者说研究成果和研究本身与实践活动的关联性不大。究其原因，大致有五点：研究者缺乏研究的科学设计；盲目照搬和移植国外相关研究成果；研究者与实践者缺乏必要的沟通和交流；研究者常常运用概念、命题、预设、判断、推理等对教育中的实际问题进行逻辑演绎的研究；问题研究在高等教育质量保障研究领域没有受到足够的重视。

第三，对微观问题的研究薄弱。自20世纪90年代我国逐渐兴起高等教育质量保障研究以来，多数研究者热衷于对宏观和中观层面的问题进行研究，对高等教育质量保障体系和教育评估制度的定义、目的、意义等概念性描述过多，而对微观层面的具体操作问题关注太少。或者说对高等教育质量保障的若干环节和高等教育实施对象则研究不多，尤其缺乏的是对高等教育质量保障中的学术标准和质量准则的研究。更为值得注意的是，国内高校高等教育质量保障体系的个性化研究和案例研究更为薄弱。

二、影响高等教育质量的因素

（一）政府层面的因素

政府部门对高等教育质量起着主导作用，它在宏观上掌握着高等教育发展的规模、速度、层次等，通过制定教育政策、法规等方式决定并影响高等教育未来发展的方向。高等教育政策对高等教育质量有着极其重要的影响。例如，高等教育扩招政策以及高校合并政策，这两个政策在实施之初，对促进高等教育规模的扩大起到了相当大的促进作用。然而随着时间的推移，负面作用也有所呈现。教育政策在一段时间内起着指引和指导高等教育发展的作用，是需要经过长时间的酝酿和研究才能推而广之的。那么我们需要思索的是这些引领高等教育发展的政策是否真正做到遵循教育发展的规律、是否真正符合我国国情、是否真正有利于学生各个方面的发展。

我国高等教育最重要的任务和使命是培养合格的社会主义事业的建设者和接班人，这是我国高等教育也是高校的特质，任何时候都不能偏离。个别教育政策在某种程度上追求的是教育的外在价值，但很显然，这对提升高等教育质量是不利的。需要从根本上认识和解决这个问题。

（二）高校层面的因素

高校作为培养学生的载体，其运行方式及管理方式对高等教育质量都有着直接的影响。我国高校运行的过程中存在着有待进一步改进的方面，这些有待进一步改进的方面也是构成影响高等教育质量的因素，这些因素虽然是以间接的方式影响着高等教育质量，但是对这些因素若是认识不到位，提升高等教育质量也就无从谈起。

一是避免办学定位功利化。不应盲目地将学校全都定位为综合性大学，应结合学校自身实际，合理定位，突出学校的办学优势和专业特色。

二是避免高校管理商业化。高校教师和学生应以从容、淡定和自信的心态进行教学和学习，不应以急功近利的心态过度追求声誉、利益和教学科研成果。

高等教育的意义在于它能给学生提供一种精神资源，这种资源能够帮助学生应付各种环境和挑战，并在这一过程中发展学生的人格和才智。

（三）学生层面的因素

教育作为一种文化活动，不可避免地会受到整个社会大环境的影响。学生作为高校的主流群体，自然也会受到社会上部分消极因素的影响，其在一段时期内会表现得较为浮躁和急功近利。而且许多学生在大四时就要开始准备考研或者为就业而奔波。这样变相地将大学的实际学习时间压缩到三年。如果学生的独立性、自主性偏弱再受到浮躁状态的影响，正常的学习效果就会大打折扣。

第三节　发达国家高等教育质量保障对我国的启示

在大数据、低碳化、新能源背景下的知识经济时代，高等教育作为科技进步、创新管理的主要推动力和人力资本投资的重要方式，在经济发展中起着不可替代的重要作用。目前，我国进入了高等教育大众化时期，接受高等教育的人数急剧增长，已经成为世界上教育规模最大的国家。但随着规模增大也导致了一定的问题，高等教育的质量问题成为公众越来越关注的焦点。建立一套健全完善的高等教育质量保障体系有很重要的现实意义。

与高等教育发达国家相比，我国的高等教育质量保障体系建立相对起步较晚。英国、日本、法国、德国四个国家都结合各自的特色建立了较为健全完善的高等教育质量保障体系，本书通过对这四个发达国家高等教育质量保障体系的探讨，提出构建我国稳健高等教育质量保障体系的相关建议。

一、发达国家高等教育质量保障体系比较

从本质上说，高等教育质量保障体系是政府、高校和社会为了实现各自利益和质量诉求而进行的实践活动，这三者力量的张力与整合形成了不同的高等教育质量保障模式。英国、日本、法国、德国四国的高等教育质量保障体系都形成了政府—高校—社会的多元评价主体的结构，并且模式变革的趋势均是朝向多元复合型发展，以协调多元主体的价值需

求，在国家权力、院校与市场之间达到了一种平衡状态。

（一）发达国家高等教育质量保障模式比较

高等教育质量保障模式划分为自主型、市场型、控制型、合作型，高等教育质量保障模式比较如表 3-1 所示。

表 3-1　　高等教育质量保障模式比较

<table>
<tr><th rowspan="2">国家</th><th rowspan="2">模式</th><th rowspan="2">权利结构</th><th rowspan="2">运行机制</th><th colspan="2">政府</th><th colspan="2">社会</th><th rowspan="2">高校</th></tr>
<tr><th>保障主体</th><th>保障方式</th><th>保障主体</th><th>保障方式</th></tr>
<tr><td rowspan="2">英国</td><td rowspan="2">自主型</td><td rowspan="2">高校自治为主</td><td rowspan="2">高校内部控制</td><td>高等教育质量保证署</td><td>高校审核教学质量</td><td>专业团体</td><td>专业认证</td><td rowspan="2">专业审批、年度监控、周期审查、校外督察员督察</td></tr>
<tr><td>英国高等教育基金会</td><td>教学质量信息与全国学术民意调查</td><td>新闻媒体</td><td>大学排行</td></tr>
<tr><td rowspan="2">日本</td><td rowspan="2">市场型</td><td rowspan="2">市场调节为主</td><td rowspan="2">社会监督、自主调节</td><td>高校设置学校法人审议会</td><td>高校设置认可制度</td><td>认证机构</td><td>专业认证</td><td rowspan="2">内部自评报告</td></tr>
<tr><td>高校评价学位授予机构</td><td>国立高校法人评估</td><td>新闻媒体</td><td>高校排行</td></tr>
<tr><td rowspan="2">法国</td><td rowspan="2">控制型</td><td rowspan="2">国家权力为主</td><td rowspan="2">政府微观管理</td><td>高等教育国家评估委员会</td><td>国家评估委员会的评估</td><td rowspan="2">工程师职称委员会</td><td rowspan="2">专业认证</td><td rowspan="2">绩效评估、合同制、学科专业评估</td></tr>
<tr><td>研究与高等教育质量评估局</td><td>对机构、科研单位和学位项目的评估</td></tr>
<tr><td rowspan="3">德国</td><td rowspan="3">合作型</td><td rowspan="3">国家权力与自治相结合</td><td rowspan="3">政府监督、高校自主管理</td><td rowspan="3">巴登符腾堡评估机构</td><td rowspan="3">巴登符腾堡评估</td><td>德国北方大学联盟</td><td>校际评估</td><td rowspan="3">院系评估、认证自评</td></tr>
<tr><td>认可机构</td><td>认可评估</td></tr>
<tr><td>德国高等教育发展中心</td><td>德国高等教育发展中心大学排名、新闻媒体大学排名</td></tr>
</table>

（二）发达国家高等教育质量保障标准比较

标准是评估的核心内容，是整个评估目标的具体可操作化的行为指南。高等教育质量保障标准也反映着评估的目的，标准的细微变化也会带来评估结果的走样，因此科学合理的标准体系是高等教育质量保障的重要内容。尽管英国、日本、法国、德国四个国家在社会政治、经济、文化发展方面的历史有所不同，但其对高等教育的管理、监督与保障却存在一定的相似之处，共同反映着高等教育质量保障的发展趋势。

1. 重点关注学术水平

学术研究作为高校基本职能之一，任何一项高等教育质量保障标准都无法回避这个问题。在对高等教育质量进行评估的过程中，各个国家都非常看重高校的学术水平。尽管评估指标的设置有差异，但是都可以将有效衡量学术水平的内容列入评估指标体系。由此可以看出，在当今高等教育发达的国家，高校最重要的、公认的职责仍然是从事学术科研工作以及培养满足社会需求的人才。

2. 强调学生反馈意见

因为学生是高等教育质量的直接感受者，所以任何的高等教育质量保障标准体系都不能忽略学生的意见。虽然各国在高等教育质量保障方面有关学生的指标体系不尽相同，但都基本体现了学生视角的质量观。注重毕业生、在校生的反馈意见，改善学生满意度也成了各国高等教育质量保障的目的所在。

3. 注重高等教育质量改善与追踪

发达国家高等教育质量保障相当注重对高等教育质量改善与跟踪的研究，主要表现为将发展的理念灌输到高等教育质量保障的标准体系之中，“学术声誉”“毕业率”“校友捐赠”等在各大指标体系中比较常见。英国高等教育的年度监控旨在督促高校不断提升自身能力，日本高等教育的专业认证也强调根据反馈系统的结果改善高校教学内容、方法和环境。

此外，发达国家高等教育质量保障标准也十分注重在培养目标、社会贡献、全球化视角等方面的考察。

（三）发达国家高等教育质量保障操作流程比较

在高等教育质量保障操作流程方面，发达国家体现出一定的统一性。大致可以划分为准备阶段、现场考察阶段、评估会议阶段，但也有些高等教育质量保障操作流程会增加跟踪评估阶段和整改阶段。各国在操作流程方面的差异则主要体现在各个阶段经历时间的长短和过程的复杂程度。

通常来看，准备阶段又可细分为准备、递交材料，组建专家评估团，与高校人员进行前期的交谈，预备会议和报告五个阶段。在审核调查开始前，认证机构会召集受评估高校

举行预备会议，确定审核调查的范围，明确高校、高等教育质量保证署和审查小组的合作，核实高校自评报告是否符合要求，确认学科跟踪审核与总体调查的原则是否一致。在此期间，助理主管参观高校，会见学生代表，提供审核流程的安排，并对高校自评及学生建议应遵守的规范进行指导。此后，助理主管根据会议和相关信息初步确定学科审核调查的范围，通知高校方审核小组的规模和学科审核调查的内容，高校递交自评报告、短期调查前，会提供审核小组的其他资料和学生会的“学生书面资料”。

现场考察阶段是由考察小组对申请认证的高校进行实地考察，考察小组由认证委员会推选的审核小组和与被认证高校协商后任命的专业领域人士、用人单位代表和政府部门代表等同行专家组成，考察小组将与高校系主任、课程教师和学生代表等进行交流，并基于认证申请书和现场考察的具体情况形成报告提交给认证机构并通知申请方。

评估会议阶段则由认证委员会根据认证申请自评报告和考察小组的报告做出评估决定，评估决定可能是“通过”“拒绝”“重新认证后通过”三者之一，如果申请项目被拒绝通过认证，它可以在规定的年限内进行整改并要求重新认证。做出评估决定之后，评估机构出具评估报告，并同时在相关网站上发布。部分评估或排名是根据被认证高校的成绩给出评估等级或排名。

二、发达国家高等教育质量保障体系的多元复合发展趋势

英国、日本、法国、德国四个国家都建立了各具特色的高等教育质量保障体系，并且有部分相似之处。总体来看，主要有以下三个方面：

在高等教育质量保障体系评估基础方面，实行内部评估与外部评估相结合，并将自评结果运用到外部评估。

在高等教育质量保障体系评估主体方面，实行高校自评—第三方保障—多元化评估主体相结合的高等教育质量保障体系，并强调独立的第三方保障。

在高等教育质量保障体系评估方法方面，坚持评估方法的多样化。

（一）以高校自评为基础的高等教育质量保障体系

高校内部自我评估是高等教育质量保障体系的重要组成部分和高等教育管理的重要运行机制，也是高校外部自我评估的基础和目的。从高校外部自我评估来看，政府监管、社会和专业协会的监督、专业认证机构的认证等形式都是以提高高等教育质量为最终目的。上述四个国家在高等教育内外部都建立起了质量保障体系，说明其高校的高等教育质量保障主体的意识很强，都积极主动地通过自我评估达到提高高等教育质量的目的。

在外部高等教育质量保障体系的操作流程中，也会设立高校的自评环节，将高校自评环节的评估结果运用到外部高等教育质量保障体系中。高等教育质量国家评估委员会的评

估以被评估高校的自评为前提。德国也为了应对外部高等教育质量保障体系操作而进行院系评估等活动。

（二）独立的第三方保障机制

伯顿·克拉克提出了著名的三角理论，分析了影响高等教育系统的三种主要的力量，即国家权力、学术权威和市场。相应地，无论是英国、日本，还是法国和德国，都形成了以政府—高校—社会相结合为主体的高等教育质量保障体系，并不断丰富包括专业组织、新闻媒体、高校协会等在内的社会中介力量参与到高等教育质量保障与社会评估活动中。三方力量通过协商，达到政府、高校和社会既分工负责又互相牵制的均衡局面。

在英国，专业团体的认证是一种很重要的外部高等教育质量保障的手段，通过专业认证保障高等教育专业性很强的学科领域，如工程、法律、会计和医学等专业的教育质量。此外，新闻媒体的大学综合排名也是一种重要的第三方保障机制。

（三）坚持评估方法的多样化

高等教育质量保障体系在评估方法上也存在多样化。从外部高等教育质量保障体系的评估方法来看，主要分为评估、认证、审计、基准等形式。其中，评估又分为学科评估、机构评估、高校评估和主题评估等不同类型。这些评估旨在向高校的管理机构反馈高校的实际情况，帮助高校改善教学的状况。认证则是通过保障高校和学位项目达到一定标准的同时，增加社会公众对高校和学位项目的认可。认证一般是由专业认证机构衡量高校的教育质量是否达到教育主管部门规定的标准。具体来看，英国的外部高等教育质量保障体系的评估方法主要有高校审核和合作办学审核、政府部门及公共机构评估、专业鉴定、高等教育质量信息与全国学术民意调查、新闻媒体排行榜等。日本的外部高等教育质量保障体系的评估方法主要有大学设置认可制度、国立大学法人评估、专业认证、新闻媒体高校排行等。法国的外部高等教育质量保障体系的评估方法主要有高等教育国家评估委员会对法国高校进行综合性整体评估活动、硕士研究生项目认证等。德国的外部高等教育质量保障体系的评估方法主要有校际评估、认可评估和德国高等教育发展中心大学排名等。此外，上述四国的内部高等教育质量保障体系的评估方法也有专业审批、年度监控、周期审查、校外督察员督察、内部自评报告等多种。

通过分析上述四国的高等教育质量保障体系，我国提出了应从政府、高校和社会三个层面着手进行高等教育质量保障体系改革，就政府层面而言，主要进行宏观政策引导，应尽快确立高等教育质量认证许可体系的相关法律和制度。贯彻执行认证审核制度并建立国家数据库，对高等教育认证机构资质进行审核。就高校层面而言，则应紧紧抓住高水平学科、高层次人才队伍、高水平科研成果以及高就业率等反映高等教育质量特性的关键指标，加大建设力度，不断完善高校高等教育质量保障体系，定期进行高校自评，且将自评

结果向社会公开，并向政府提交年度高等教育质量报告。就社会层面而言，需要正视并赋予中介机构和新闻媒体等社会组织合理的监督评价职责，让他们担任学生与高校、高校与政府、国家与国家之间沟通的桥梁，扩大我国高等教育研究生培养的国际影响力并增强其国际竞争力。

第四节　提升我国高等教育质量的有效对策

大众化进程中高等教育质量变化是众多层面的因素导致的，因此提升高等教育质量时要根据关键因素的作用采用多样化的举措。只有这些方法措施相互配合有效运作，才能确保高等教育质量得到有效提升。

一、夯实党领导下的高校办学主体地位，培养符合社会需求的毕业生

（一）实施质量监管

实施质量监管，第一要具备党领导下的自主办学权，可以按照学生能力、学校实际、社会变动形成有关的科学对策。全球高等教育运作的经验指出，高校要具备自身独有的优势，才会为当今社会培养合格的接班人，并成为知识创造的重要场所。合格的高校是探究真理与自主发展规律的适宜场地。政府一般借助行政权限以国家政策的形式，运用侧面与宏观控制的方式，对高校进行政治理念层面的引领。使高等教育质量的提升与国家的发展相契合，由此确保高等教育的质量。

部分高校主体地位的缺失对高等教育质量的提升产生了较大的困扰。

第一，从目标形成角度进行分析，政府的教育主管部门形成的规划对高校具有较大的作用。高校服从政府的指令，却并没有完全掌握社会实际需求，也没有很好地跟进人力资源市场的变动。因此部分高校减少了和社会之间的联系。

第二，从高校的监管层面分析，政府的教育主管部门是借助一整套的机制实施对高校的监管。因为教育主管部门针对不同区域、专业、高校运作的具体情况有所不同，所以参照标准化所形成的规划、制度与运作方式在某种程度上会影响各个高校间的相互竞争与教育资源的合理分配。

第三，从经济学价值的视角进行分析，部分高校办学主体位置不突出使得学校权责界限不明晰，高校就没有持续运作的推动力。

（二）推进高等教育在合理范围内自主办学，努力培养符合社会需求的毕业生

伴随中国高等教育实施环境的变动，市场体系在一定范围内介入高等教育会成为高等教育发展的必然趋势。基于我国社会主义市场经济的国内环境进行分析，高校被看作权益

主体的认知在持续加强，既要保护教育行为和市场的彼此独立性，也要符合市场经济的发展趋势。

从开放社会的角度进行分析，经济一体化、自由化与中国加入世界贸易组织成为我国高等教育运作实施的新型支撑环境。高等教育在全球化背景下要加强认知，努力发展自身的时代性、开发性与多样化特性。

知识经济时代，高校不再仅仅是象牙塔，而是已经融入社会的教育实体。高等教育大众化运作背景下的高校参与市场经济运行机制，有助于其积极构建符合新时期社会需求的新型专业结构。专业结构是体现高等教育质量水平的重要因素，我国高等教育尽管实施了数次专业结构修改，在构建符合社会主义市场经济需求的专业体系方面还需完善。大学毕业生在就业时常常面临专业技能不能满足工作要求的现象，或是只能通过就业后的上岗培训达到岗位要求，社会需求与大学生学习的专业出现了结构性失调。因此，要构建高校和社会直接回馈关联的机制，让高校按照社会需求调节专业结构，使得培养出的大学毕业生能够符合社会需求。

二、借助目标管理方式，推进高校学生监管变革

（一）目标管理界定与学生监管运用的必然性

基于泰勒的行为科学理论，目标管理可理解为单位与工作的愿景一定要变成目标，单位的所有管理者一定要借助所有目标对下属实施监管，确保单位整体目的的达成。所谓目标管理，就是领导与职工一同商议详细的任务目的，提前形成绩效度量要求，适当下放权限，使职工尽力完成规定的目标。因为进行目标管理能够让公司削弱监管费用支出，提升监管成效，所以在当代公司管理中，目标管理获得了普遍运用。

将目标管理的监管理念与监管方式运用在高校内，会有助于改进原有的学生管理方式，激发学生全方位的主动性，有助于高校对学生开展有针对性又多元化的培育。学生目标管理中的目标与高校育人目标以及专业培养目标是一致的，能够划分为组织与个体的目标监管。此外，因为大学生的生活经验与阅历存在差异，其主体需求与认知方式各有不同，因此目标监管方式也应因人而异。从学生监管活动的角度来看，教师要实施的工作是根据学校目标以及联系学生实际来指导所有学生形成发展目标，达成高校整体和学生个体目标的统一。高校将目标管理理念贯彻落实到学生管理上，通过施行目标规划、目标跟进、目标评估、目标绩效奖罚等措施，引领学生形成个体发展目标，使学生能够积极主动地参与目标落实和学校管理活动，促进学生积极健康成长，同时也推进了高等教育质量的提升。

（二）学生目标管理运作对策设定

按照高等教育大众化阶段的特性，可以把目标管理合理地运用在高校教学活动中。要

加强目标管理流程的所有环节，如目标安排和改进、目标运作和跟进、目标成就评估，应构建一系列含有目标机制、监管机制与评估机制的全面教学监管方式，强化大学生学习的针对性、积极性，培育能够满足21世纪社会与经济进步所需的新人才。

1. 学生入学测评

学生入学测评是构建学生目标监管的首要步骤。高校招录学生时就要借助各类检测方式对学生智力与非智力因素给予综合测评。尽管所得的测评结论并非全部客观准确，但至少可以尽早给予学生在高校学习生活的指导性建议。这有助于学生在高校的学习生活中，根据自身特点形成有效的学习规划。

2. 满足社会发展需求

满足社会发展需求是高校形成发展目标的基础，高校毕业生要接受社会的考核，但因为部分高等教育存在某种程度的滞后性，导致了毕业生进入社会的第一次考核通常不尽如人意。因此，部分高校一定要脱离象牙塔式的封闭办学，要让学生适当地融入社会，了解社会发展趋势，尽量使专业结构和课程的安排更合理，更适应社会的需求，满足社会发展的需要。

3. 人生规划

科学的人生规划可以明确学生在高校时的学习方向，避免在各种尝试摸索上浪费时间。科学的人生规划需要在学生学习社会发展态势与自我反思的基础上进行。它的实施有利于所有学生借助合理、科学的路径，全面展现其综合素质，使自身潜力得到全方位的体现，并且逐步发展形成步入社会所需的各种能力。

4. 目标实时评估

高校要设立学生目标考核机构，制定考核要求与合格标准。根据定量的目标数值对学生给予检验与评估，此外，要将考核结论及时回馈给学生，让其尽早知晓自身情况，调整目标并继续努力。

三、推动教学管理变革，处理好学生层级差别难题

教学管理是学校管理层面的领导按照特定的目的、准则、流程与方式，针对教育行为给予的规划、组织、协调与监管。教学管理水平高低对教育品质的好坏具有直接影响。高等教育规模的扩大在一定程度上减少了对接受高等教育人员的限制，这就导致接受高等教育的学生数量大幅度增加，但学生能力水平不均等的情况出现。学年制的教学管理方式应结合学分制教学管理方式成为处理学生差异性难题的主要路径。运用学分制教学管理方式能够较好地针对学生个体差异现状，激发学生学习的主动性，加强学生在整个学习阶段的

参与程度并有利于学生选择适合自己的学习方法。

处理高校学生多元化这一难题，可以尝试运用弹性学制的教学管理方式。目前，中国高校普遍开始采用学分制的教学管理方式，学分制逐步健全与完善。此外，高校弹性学制对高校的教学管理能力与教师素养提出了较高要求，因而也促进了高校教学管理能力与教师素养的提升。

第一，采用弹性学制，可以提前完成学业或者休学创业。弹性学制的含义是改变学生完成学习任务时间，学习通常是3～6年，或者是3～8年，让学生在既定时间内能够按照自身实际情况进行学习规划，调节学习进程。学生在既定时间最短年限内修满学分的话，就能够提前完成学业；反之，假如学生没有在既定的年限内获得所有学分，就会延长学习期限但不能超出最长年限。

第二，逐步取消补考，采用重修与免修的方式。运用弹性学制之后，重修会代替补考。学生选修的科目没有获得学分的话就一定要重修。重修后通过考试的，根据具体分数进行登记。此外，为激发学生学习潜力，培育学生在合法情况下独立获得知识的能力，设置了针对学生通过自主学习达到学科要求水平的能够申请免修的制度。

第三，弹性学制教学管理方式的先进性。以新型教学管理方式与当代信息技术工具为基础构建的网络化弹性学制教学管理信息体系，逐渐替代了原有的教学规划、学籍管理、选课管理、成绩管理、教师队伍管理、教材管理等形式。这不仅给学生与教师提供了相对更为便捷的服务，保证了学生学习进程，促使与学业相关的学习内容、课程安排更加公开透明，而且让学生在进行科目选择与学习进度规划时更有计划性与针对性。

四、采用绩效管理方式，强化高校教师团队建设

科学的管理可以在一定程度上推动既定资源的科学运用与分配，改进教师管理方式可以提升教师资源的运作效率。对总体素养比较好、工作能动性比较高的高校教师来说，健全的绩效管理制度可以更好地提升教师工作的主动性、积极性。

在过去很长时间里，一些管理学者始终都在找寻一种较为完善的绩效考评方式，可惜的是这种找寻并没有得到满意的结果。单调的绩效考核难以将隐蔽在个体活动中的全部信息较为真实明确地体现出来。所以，当前应该尽量合理地运用各类方式健全教师绩效管理体系。

（一）确定高校教师绩效管理应遵循的准则

高校教师绩效管理一般要遵循下述准则：一是公开性。高校行政部门要对被管理的人员明确说明绩效管理的流程、要求、方式、期限等信息，让高校教师对绩效管理情况了然于胸。二是客观性。绩效管理要基于事实，针对被管理人员的所有评估要存在事实依据，

不能让个体主观愿望与情感倾向妨碍绩效管理的客观性。三是开放性。在总体绩效管理活动中，高校行政部门与教职工要公开交流，管理评价结论要尽早回馈至被评价方，及时认可其获得的成果或者指出不足之处，然后给出今后调整的方向。四是差异性。要按照高校各院系部门内具体的工作岗位形成符合实际要求的计量规范，评价结论因岗位而异，避免出现平均主义。五是常规性。在绩效管理体系内所有教职工都有参与互相评议的权利，高校各级领导要引导教职工之间相互给予其阶段性合理规范的评价。上述准则是教师绩效管理应遵循的基本准则，具有一定的科学性。将上述准则运用在教师绩效管理上，可以在很大程度上避免教师对绩效管理的抵触心态，从而推动高等院校顺利开展绩效管理工作。

（二）形成合理化的绩效考核机制

绩效考核在教师绩效管理体系中有着重要地位。绩效考核指数、考核方式、考核流程等都事关高校教职工的切身利益。所以，在绩效考核的指数形成、考核方式、考核流程等方面，学校各级绩效管理部门需要与教职工保持紧密联系，要掌握所有教职工的学历、工作职位等详细信息，用以保障绩效考核的准确性、合理性。相关部门要联系实际情况，形成规范的考核指数机制和有借鉴价值的考核方式与流程。

（三）要用以人为本的理念提升教师工作的自主水平

高校教师的教学工作并非是进行常规物质产品的生产运作，而是承担着培养人才的重任，其工作效果要在一段时间之后才会显现出来。高校教师的教学成果表现在学生对知识的传递与创造以及科研成果上。所以，这些教师比较关注学生的专业学术素养，希望学生有较高的学术研究水平。

工作环境、薪资、安全是个体工作活动的保证要素，成功、责任、进步、工作本身是个体工作活动的激励要素。关注改进保证要素只能降低个体在工作层面的消极情绪，而全面运用激励要素，才会合理地挖掘个体在工作层面的主动性。所以，教师绩效管理要重视以人为本的理念，关注教师感情，认可教师，尊敬教师，创造彼此支撑、谅解、尊敬的工作条件与学术气氛，在重视学校运作与发展的基础上，关注教师工作进步，确保其在教育研究层面存在较为放松舒适松弛的工作环境，激励与协助教师在专业层面有一定的发展，给教师提供较为宽广的进步平台、适合的工作愿景，以挖掘其工作积极性与创造性。

教育评估是保证高等教育质量较为关键的手段，是政府对教育组织进行宏观监管的主要方式。借助教育行政管理机构与得到法律认可的社会机构，对教育组织和高校的管理能力、办学环境、教育质量给予整体性或者单一性的考评与评估。国家教育主管部门按照相关监管法规的要求，提出了高等教育的目的与具体规定，基于办学指导理念、教师团队、教育环境、专业构建、教育变革、教学管理、学风、教育成效、特色项目等层面形成一整套的规范，从而借助监管机制定期检查高校教育的基本内容，明确掌握学校具体状况，进行合理研究，针对高校当前的治学能力与教育品质情况给出评估。教育评估活动给高校改进工作、进行教育变革创造了一定的有利条件，并以评估作为动力，全方位提升教育活动能力，改进高等教育质量。

五、基于法律视角确保高等教育的财政经费投入

经济在社会机制内有关键性的影响，居于配置性位置。所以，要从深层次提升高等教育质量不是依赖口号与美好的愿景就能实现的，而是要以资本投入作为基础。高等教育属于准公共产品，政府有投资的义务。所以，应该基于科教兴国战略层面以及基于法律视角来确保高等教育有充足的财政经费投入。此外，应建立健全高等教育法律法规，构建以国家财政经费投入为主、以其他各种合法方式募集高等教育经费为辅的机制，通过市场活动，借助市场体系，真实而有效地处理高等教育经费比较短缺的难题，改进高校的基础治学环境。

六、利用政策引领高校从实际出发进行特色教育

多元化的高等教育应该有多元化的培育目的与要求，进而形成多元化的品质规范，而多元化为特色教育提供了较为宽广的运作条件。所以，高等教育步入大众化阶段之后，政府可以适时发挥引导作用，引领高等教育朝着多元化与特色化的趋势发展。第一，强化高等教育的类别监管，利用政策引领高校对照自身具体情况进行合理定位，避免所有高校的人才培养目的与培养方式类似。第二，形成各类高校人员以提升综合素质为目的的根本要求，引领高等教育质量发展趋势。第三，利用政策引领高校形成以人为本的理念，注重学生全方位进步与优秀人格的养成，不再全面运用精英化人才教育理念培养、评估大众化时期的高校学生。第四，明确多元化的质量观，引领高校在遵守人才培养标准化规定的基础上朝着多元化趋势运作，让高等教育人才培养总体符合学生知识需要与社会对各类人员的需要。第五，利用政策引领高校从实际情况出发加强特色认知，重点打造高校特色，构建高校良好社会形象，从而形成各具特色的高校。

七、高校应构建高等教育质量保障机制与运作体系

尽管高等教育质量受到内部与外部各种因素的影响，但最重要的因素仍是高校本身，在强化高等教育质量的外界保证基础上，高校还应强化高等教育质量的内在保障机制的形成。第一，加强认知，教学活动是高校所有活动的重心，高等教育质量是高校发展的核心因素，应该依靠人才培养品质的提升来强化高等教育质量保障机制与运作体系的构建，尤其是要借助内在管理制度与配置机制变革形成高等教育质量保障机制与优良的运作体系，

让核心因素获得科学保障。第二，强化师资团队建设。较高水准的师资团队是高校管理的根本、发展的基础与教学品质的保障，因此需要加强师资团队的建设。第三，将高等教育质量考评纳入高校日常管理中，不断完善对社会所需求的人才的培养。

八、建立健全多层级高等教育质量评估机制

评估是保证高等教育质量的有力措施，并在全球大部分国家中得到普遍运用。中国高校不但要借鉴国外高校的先进经验，也要从自身实际情况入手，仔细整理教育评估的经验与问题，探究满足中国国情、有助于中国高等教育稳定发展的质量保障机制。第一，健全并完善教育主管部门引领的整体性评估机制，按照高等教育类别构建符合多元化社会需求的评估方式，挖掘该评估体系的引领价值，从而推动高等教育质量提升。第二，健全并完善社会参与式评估，提高全社会参与高等教育质量监管的主动性。社会评估组织要仔细分析高等教育运作的相关问题，构建高效的有利于高等教育正常稳定发展的类别划分评估方式，以提升评估的权威。第三，健全并完善高校自我评估机制，强化高校自身的专业治学能力、教师教育能力、学生学习成效等层面的评估。这是当前我国高校评估机制中比较薄弱的层面，因而要借助自我评估解决问题、改进不足，推动高等教育质量的提升。

第四章　高等教育大众化的大学毕业生就业

第一节　概念界定

一、大学毕业生就业

就业问题是一个很广泛的问题，然而就业和大学毕业生就业是两个具有较大差异的概念。就业的概念是一定年龄阶段内具有劳动能力且有劳动愿望的人从事的为获取报酬或经营收入所进行的活动，就业人口是指在法定就业年龄内，从事一定社会经济活动并取得不低于当地最低生活保障标准的劳动报酬或经营收入的人员。而我国大学毕业生就业因就业主体的特殊性，导致就业问题在大学毕业生群体中体现出自有特征：一是优越性。大学毕业生就业年龄大多在20～30岁，他们精力充沛，思维活跃，接受新生事物快，创造力强，是就业队伍中的精英，因此，他们的就业较其他就业者相比具有一定的优越性。二是适应性。大学毕业生的就业，有一个从校园环境到社会环境的适应过程，也有一个从书本学习到参与实际工作的适应过程。三是转换性。大学毕业生就业有一个从学生到从业人员这一角色的转换过程。四是高期望性。由于大学毕业生是国家根据社会需求有目的地培养出来的高层次人才，他们是社会创新的主要承担者，因此，人们普遍对他们寄予很高的期望，希望通过他们的就业更加有力地推动社会的进步与发展。而正是由于大学毕业生就业主体具有这些鲜明特征，也导致我国大学毕业生就业问题凸显出来，而这也正是本书研究的着力点和重点。

二、人力资本理论

人力资本理论产生于20世纪60年代，该理论的形成、传播和发展一直伴随着世界上许多国家和地区高等教育发展战略和目标的演变，深深地影响着世界高等教育的发展。人力资本理论的内容主要包括：

（1）人力资源是一切资源中最主要的资源，人力资本理论是经济学的核心问题。

（2）在经济增长中，人力资本的作用大于物质资本的作用。人力资本投资与国民收入

成正比，人力资本比物质资本增长速度快。

（3）人力资本的核心是提高人口质量，教育投资是人力资本投资的主要部分。不应把人力资本的再生产仅仅视为一种消费，而应视为一种投资，这种投资产生的经济效益远大于物质投资产生的经济效益。生产力三要素之一的人力资源显然还可以进一步分解为具有不同技术和知识水平的人力资源。高技术、高知识水平的人力带来的产出明显高于低技术、低知识水平的人力带来的产出。

（4）教育投资应以市场供求关系为依据，以人力价格的浮动为衡量符号。人力资本理论突破了传统理论中的资本只是物质资本的束缚，从人力资本的视角，结合物质资本，可以更加全面地来研究市场经济理论与实践。

人力资本是由教育、经验、培训、个人智力、工作习惯、主观能动性等多种因素共同决定的。教育是人力资本的主要组成部分，也是提高人力资本价值最基本、最主要的手段，通过教育可使个人具有更高的人力资本存量，所以也可以把人力资本投资视为教育投资问题。大学生接受高等教育，以期在社会上寻求更高的工资和更好的职位，但同时由于社会需求的差异，通常会造成某些人力资本的价值低于其他人力资本的价值。因此，高校在培养大学生的过程中，应结合社会需求，使大学生人力资本的价值能够得到合理体现。

三、职业生涯理论

研究者从职业发展这一维度，把人一生的时间分为不同的阶段，人在每个时间段都有不同的职业特征和任务。很多学者从不同的方面研究这一内容，形成了相关理论。美国职业学家萨柏把人的职业发展划分为五个大的阶段：成长阶段、探索阶段、确立阶段、维持阶段、衰退阶段。美国心理学博士格林豪斯研究了人生不同年龄段职业发展的主要任务，并以此将职业生涯划分为：职业准备阶段、进入组织阶段、职业生涯初期、职业生涯中期、职业生涯后期。美国的施恩教授立足于人生不同年龄段面临的问题和职业工作的主要任务，将职业生涯分为九个阶段：成长、幻想、探索阶段，进入工作世界，基础培训，早期职业的正式成员资格，职业中期，职业中期危险阶段，职业后期，衰退和离职阶段，离开组织或职业——退休。

对自身进行积极的职业生涯规划，能促进个人实现人生价值，具体来说主要体现在四个方面：

（1）明确个人的职业发展目标。职业生涯规划的重要内容之一就是要进行自我评析。通过评析，正确认识自己的综合能力和素质水平，了解自己的性格和情绪类型，肯定自己的优点和特长，找出缺点和不足，结合有关职业的实际要求，根据自身特点，客观地设定一个合理、可行的职业发展目标。

（2）提高个人的工作积极性。个人的职业发展目标引导着一个人在工作中的努力方向，人在逐渐靠近目标的过程中，进一步提高了个人的工作积极性。对很多人而言，制定发展目标与实现发展目标之间的过程，就是一场具有挑战性的游戏，让个人在挑战自我、实现自我、超越自我中获得成就感，进而促进个人积极向上的工作态度。

（3）促进个人潜能的发挥。当个人在集中精力实现职业发展目标的时候，各种锻炼和经历可能激发一个人某方面的潜能，从而更好地将其自身能力的价值体现出来。同时，合理的职业生涯规划也能充分地调动人各方面的积极性，如精力、精神、心情等，从而为生活和工作创造良好的环境。据有关调查表明，健康的生活态度和良好的工作环境，有助于个人潜能的发挥，反之，个人的智力活动就会受到压抑。由此可见，职业生涯规划对个人潜能的发挥有着重要意义。

（4）合理评估个人工作成效。职业生涯规划为个人提供了多种自我评估的方式。若一个人将自身的职业生涯规划细致化，并将职业生涯某个阶段的实际成效与原规划做比较，就能更好地对此阶段的工作进行评估，找出其中的不足，吸取经验，调整方法，以期更好地改善工作业绩。因此，职业生涯规划是强化自身评估、提高自身能力的重要方法。

大学毕业生的职业生涯规划是在对其职业生涯的主、客观条件进行测定、分析及总结的基础上，结合其自身的兴趣、爱好、特点及社会发展的需求进行的综合分析与权衡，以确定最佳的职业生涯目标。职业生涯规划的明确程度、职业生涯规划做出的时间都对大学毕业生就业和择业有着重要影响。大学毕业生能通过自身职业生涯规划了解自身动机、需求和能力，从而树立正确的世界观、人生观和价值观，调整好心态，怀着实现理想的热情不断丰富自身的技能、知识、经验，使自身综合素质和能力得到更为全面的提升。总而言之，大学毕业生的职业生涯规划对其就业和择业起到的作用越来越重要。

四、核心竞争力理论

核心竞争力的概念是1990年美国密歇根大学商学院教授普拉哈拉德和伦敦商学院教授加里·哈默尔在其合著的《公司核心竞争力》中首先提出来的。他们对核心竞争力的定义是“在一个组织内部经过整合了的知识和技能，尤其是关于怎样协调多种生产技能和整合不同技术的知识和技能”。从与产品或服务的关系角度来看，核心竞争力实际上是隐含在公司核心产品或服务里面的知识和技能，或者是知识和技能的集合体。在普拉哈拉德和哈默尔看来，首先，核心竞争力有助于公司进入不同的市场，是公司扩大经营的能力基础。其次，核心竞争力对创造公司最终产品和服务的顾客价值贡献巨大，它的贡献在于实现顾客最为关注的、核心的、根本的利益，而不仅仅是一些普通的、短期的好处。最后，公司的核心竞争力是难以被竞争对手所复制和模仿的。

核心竞争力是一个企业能够长期获得竞争优势的能力，是企业所特有的、能够经得起时间考验的、具有延展性，并且是竞争对手难以模仿的技术或能力。核心竞争力又称核心竞争优势，指的是组织具备的应对变革与激烈的外部竞争，取胜于竞争对手的能力的集合。核心竞争力是企业竞争力中那些最基本的、能使整个企业保持长期稳定的核心竞争优势、能使企业获得稳定超额利润的竞争力，是将技能资产和运作机制有机融合的企业自身的组织能力，是企业推行内部管理性战略和外部交易性战略的结果。现代企业的核心竞争力是一个以知识、创新为基本内核的企业某种关键资源或关键能力的组合，是能够使企业、行业和国家在一定时期内保持现实或潜在竞争优势的动态平衡系统。

我们所说的大学毕业生就业实质就是大学毕业生核心竞争力实现其价值的过程。现实中，大学毕业生就业难问题的症结，也正是由社会人才需求与大学毕业生核心竞争力之间存在的矛盾而引起的。因此，每个大学生在大学期间都应针对社会需求和自身特点不断提升自己的核心竞争力。而核心竞争力中，大学毕业生的就业观念、个人特长、职业素养等是关键。但是，大学毕业生核心竞争力的培养过程是一个多主体互动的过程，大学生自身的努力固然不可或缺，政府、高校和社会也应当积极参与人才培养过程，更加主动地完善以就业为导向的人才培养模式，让所有学生都有充分的机会利用高等教育发展其核心竞争力。

五、高等教育大众化态势下的就业形势

（一）政府高度重视，对大学毕业生就业给予政策支持

近年来，教育部每年都会召开级别较高的大学毕业生就业工作会议，做出全面部署，并制定了一系列政策及措施，如国务院办公厅下发过《国务院办公厅关于切实做好 2007 年普通高等学校毕业生就业工作的通知》（国办发〔2007〕26 号），人力资源和社会保障部印发过《关于实施 2010 高校毕业生就业推进行动大力促进高校毕业生就业的通知》（人社部发〔2010〕25 号）等。2013 年 5 月，习近平总书记在天津考察工作时曾指出，“要切实做好以高校毕业生为重点的青年就业工作，加强城镇困难人员、农村转移劳动力就业工作，搞好职业技能培训，完善就业服务体系，缓解结构性失业问题”。我国从中央到地方，各级部门都非常重视大学毕业生的就业工作。基本建立了中央和地方两级管理、以地方管理为主的管理体制，初步形成了上下联动、齐抓共管的良好局面。

（二）国民经济快速发展，就业机会增多

从计划经济到市场经济、从自给自足到对外开放、从国内市场到国际市场，中国与世界的联系越来越密切，中国需要世界，世界也同样需要中国。但在经济全球化的时代，中国在与世界保持同步发展的同时，又如何保持经济的独立性和自主性，这是中国在发展过

程中面临的问题。在当前背景下，中国经济发展应主要依靠推动产业结构的优化升级，提高个人消费来拉动经济增长。为适应未来经济发展的要求，2010 年，《中华人民共和国国民经济和社会发展第十二个五年规划纲要》中明确指出“坚持把经济结构战略性调整作为加快转变经济发展方式的主攻方向。加快发展服务业”这一发展目标，为大学毕业生就业开拓了更加广阔的空间。

改革开放以来，个体经济、私营经济、外资经济等非公有制经济以及股份制、中外合资企业等其他经济形态迅速发展，也为大学毕业生提供了越来越多的就业机会。我国早已加入世界贸易组织，中国与世界经济一体化的进程将进一步加快，产业结构调整以及国际资本和技术的进入，对高层次人才的需求将进一步加大，由此产生的新的就业机会也有利于大学毕业生就业。

（三）就业形式灵活多样

随着我国社会主义市场经济的发展，大学毕业生的就业形式日益灵活多样。大学毕业生既可以在大城市就业，也可以到二三线城市或西部地区就业；既可以在省内就业，也可以到省外甚至国外就业；既可以到企事业单位就业，也可以自主创业；既可以考公务员，也可以继续考研深造。尤其是自主创业和以学业缓解就业压力的政策正在逐步落实，并取得了良好的效果。

目前，我国服务行业还存在服务不到位、配套不齐全的情况。这样的服务业现状，远远不能满足人民群众日益增长的物质及文化生活的需要，我国的服务业还存在很大的就业潜在空间。随着国家对人民群众精神文化需求的重视，对和谐社区建设的投入大幅度增加，尤其是“智慧社会”建设模式的实施，需要大量具有较高综合素质和文化水平的高校毕业生参与建设。《中华人民共和国国民经济和社会发展第十三个五年规划纲要》提出，“十三五”时期全面建成小康社会。国家在“十三五”期间对旅游服务业也提出了新的要求，在推动旅游业发展的同时，也将带动相关服务产业的发展，并将为大学毕业生提供更多的就业机会。上述这些领域，都是社会在发展过程中存在较大发展潜力的行业。只要大学毕业生能够合理定位、找准目标、脚踏实地，不仅能够从中寻找到就业机会，甚至可能从中发现创业的空间。

（四）建立了比较完善的就业指导服务体系

为深入实施高校毕业生就业创业促进计划，进一步帮扶离校未就业高校毕业生实现就业，人力资源和社会保障部组织开展了“2019 年全国高校毕业生就业服务行动”（以下简称服务行动）。服务行动指出其总体要求为，以习近平新时代中国特色社会主义思想为指导，贯彻落实党中央、国务院关于促进高校毕业生就业创业的决策部署，以“不忘初心、牢记使命”主题教育为契机，聚焦高校毕业生求职中的所思所忧所盼，健全服务机制，加

强资源统筹，突出困难帮扶，综合运用各项政策措施和服务手段，帮助解决就业中遇到的实际困难和问题，集中促进就业创业。伴随着政府政策引导与社会观念的转变，大学生创业意识、就业方向也在悄然发生转变。为解决这一民生问题，“十三五”规划提出，实施就业优先战略，加上“大众创新、万众创业”等政策和措施的支持，大学毕业生的就业前景将是一片光明。

经过多年的发展，我国已经建立起了以高校为基础的比较完善的大学毕业生就业指导服务体系，并为大学毕业生及用人单位提供了良好的服务。

第二节　高等教育大众化背景下大学生就业观和就业能力存在的问题及原因

一、高等教育大众化背景下大学生就业观和就业能力存在的问题

（一）不能正确定位，就业期望值仍然偏高

高等教育步入大众化阶段的同时，大学生也从昔日的天之骄子转变成了普通大众，他们身上的精英光环逐渐消失，就业期望值有所下降，就业岗位也逐渐向基层转移。但是，长期以来受传统就业观念的影响，使“大学生毕业就当干部”“大学生是准白领”的思想观念，在一部分毕业生及其父母的头脑中根深蒂固，他们的就业期望还是侧重于传统意义上的有地位、受尊重的“好工作”。在就业目标的选择上，他们倾向于待遇好、地位高的工作，回避待遇相对差、地位相对低的工作。在要求高薪的基础上，多数大学生希望在体制内就业，政府机关、事业单位成为他们就业的首选，而体制外的私营企业只有极少数大学生愿意选择。这不仅说明在部分大学生眼中，社会职业有高低贵贱之分，也意味着在大学生就业风险意识提高的同时，他们内心深处仍惧怕竞争并持有求稳不求变的思想。大学生追求理想职业无可厚非，但如何处理好理想与现实、个人与社会的关系值得深思。

（二）缺乏艰苦奋斗精神，基层服务意识差

吃苦耐劳、艰苦奋斗的精神历来是中华民族的传统美德。21 世纪的大学生更应继承这一优良传统，艰苦奋斗、开拓创新，为社会发展和国家富强做出贡献。但是，由于如今“80 后”和“90 后”的大学生大多数是独生子女，他们中的大部分在家长的呵护与宠爱中长大，缺乏艰苦奋斗精神。怕吃苦、怕吃亏的思想导致了部分大学生基层服务意识差，择业时避重就轻，不愿承担责任，虽然近期调查表明大部分大学生更加务实和理性，毕业后就业选择时不再扎堆于经济发达的大城市和沿海地区，但他们择业的地点仍然以城市为主，无论是回家乡还是留在大学所在地都是希望在城市发展，很少会选择在农村或偏远地

区就业。在他们眼里，基层乡村环境艰苦、待遇差、发展机会少，就业时不会考虑。因此大学生个人价值的高位追求与缺乏艰苦奋斗精神形成了巨大反差。

（三）以自我为中心，就业取向功利化

当前，由于受到市场经济趋利性以及西方不良思潮的影响，大部分大学生的世界观、人生观、价值观发生了很大变化。就业时，一些人把个人利益最大化作为其就业价值取向的标准，片面强调以自我为中心，一切从自身利益出发，忽视国家和社会的发展需求，缺乏以天下为己任的责任感与无私奉献精神，表现出一种重金钱、重实惠、轻思想、轻精神的功利主义、实用主义、个人主义倾向。追求自身的发展和自我价值的实现，体现了大学生个人意识的觉醒，是值得提倡的，但不顾国家和社会利益而过分强调自我、极具功利化的就业观是不利于高等教育长久健康发展的，也不利于社会的和谐稳定。

（四）缺少科学的职业生涯规划，就业选择存在盲目性

在高等教育大众化时代，传统的终身职业已经成为历史，大学生毕业后面临多项职业选择。人生需要合理的规划，大学生活也一样，大学时期对学习、生活、工作的科学规划会帮助大学生顺利完成角色转变，确定未来职业发展的方向。面对当前的就业形势，多数大学生很早就开始考虑就业问题，但是很少有学生会根据实际情况，对自身职业生涯做出明确和科学的规划。在大学生群体中，一些学生虽对未来职业生涯做出了规划却并没有为之付出努力。一些学生认为有必要对自己的职业生涯进行规划，却不知如何进行规划。还有一些学生认为没有必要进行规划，因为一切都是未知的，计划赶不上变化，于是盲目从众、人云亦云。总之，很多大学生对自身缺乏合理认知，对未来职业的选择存在盲目性，一心只想获得高薪水、高地位的工作，却不知道真正适合自己的职业是什么。

（五）自主创业意识薄弱

自主创业是解决大学生就业难问题的一个重要途径，社会的发展要求大学生不仅仅是一个求职者，还可以是一个能够积极创造就业岗位的创业者。但是，由于各种因素的影响，绝大多数大学生从专业选择到求学就业都很难突破传统，缺乏创业意识和创新精神，他们常常按部就班，遵循既定思维模式，很少去考虑自主创业的可能性与现实性。对待创业，大部分学生持观望态度，即使有创业之心也不愿意承担创业的风险，畏惧创业过程中的艰辛与磨难，他们只是把创业作为万不得已的退路。虽然也有大学生认为自主创业富有挑战性，值得一试，但却并没有为毕业后的自主创业积累足够的经验或做出必要的准备。一项针对在校大学生创业意识的调查显示，89.7%的大学生表示没有参加创业实践活动的

经历，只有10.3%的大学生有创业实践经历。[①] 这都说明大学生的自主创业意识较为薄弱，有待进一步加强。

（六）缺乏诚信、就业心态失衡

高等教育大众化背景下部分大学生的就业观中缺乏诚信意识。他们在应聘时为取得用人单位的好感，弄虚作假，美化个人经历，不切实际地夸大自身才能。而他们在与应聘单位签约以后，往往又好高骛远，一旦遇到环境待遇更好的工作就不计后果地随意违约、毁约。另外，部分大学生在求职的过程中还会出现就业心态失衡现象，主要表现在部分大学生拥有从众心理、自卑与自负心理、急躁与焦虑心理、逃避与怯懦心理、消极依赖心理等，这些不良心理都会在其就业时起到阻碍作用。

二、高等教育大众化背景下大学生就业观和就业能力存在问题的原因分析

（一）社会因素

社会存在决定社会意识。思想观念属于社会意识范畴，是在社会环境中形成和发展起来的，就业观也不例外。所以，分析大学生就业观问题产生的原因，必然要考虑各种社会因素的影响。

1. 国家政策未全面落实

大学毕业生就业政策是国家在一定的时期和范围内实现高层次人才资源合理配置的路线、方针、政策及行动准则，具有导向、控制和约束等功能。大学毕业生就业政策对大学生就业观的影响是不容忽视的。随着高校大规模扩招，高校毕业生数量大幅度增长。在高等教育大众化背景下，在社会主义市场经济条件下，国家对高校毕业生施行“供需见面”和“双向选择”的就业政策。这有利于大学生就业标准、价值取向的多元化，有利于大学生实现就业途径的多样化。但与此同时，由于国家关于大学毕业生就业的其他相关政策落实不到位，也导致大学生就业观存在一些问题。

国家鼓励大学毕业生支援西部地区建设，倡导大学毕业生到基层地方工作，但部分地方政府因为种种原因在就业补贴、选聘招录优惠政策等方面没有落实到位。而且西部地区和城乡基层单位相对条件艰苦，工作环境恶劣，收入待遇较低。导致大部分大学毕业生服务西部、服务城乡基层单位的意识不强。

国家鼓励大学毕业生到中小企业和非公有制企业工作，但很多企业却没有积极响应国

① 2011年7月清华大学中国企业成长与经济安全研究中心、南开大学创业研究中心、西安电子科技大学现代管理研究中心等7所高校的有关机构在17所高校发放近6000份问卷，对受访者的创业态度、企业倾向和影响因素进行统计分析。

家政策。由于近年来高等教育规模迅速扩大，大学毕业生在部分就业市场上供过于求，一部分企业将大学生视为廉价劳动力，趁机压低大学毕业生工资待遇。甚至有些企业因不愿承担入职前的培训工作，过分看重工作经历，不招收应届毕业生。这必然在一定程度上导致大学毕业生挤向政府机关或国有企事业单位，一心向往“待遇好”“环境好”“压力小”的“铁饭碗”。

国家鼓励大学毕业生自主创业，但很多高校却没有对高校毕业生进行有效的创业培训，大多数社会融资机构也没有给予高校毕业生自主创业资金上的支持。在没有较高的创业技能培训和创业资金支持的情况下，大学毕业生自主创业困难重重，难以成功，导致大学毕业生自主创业意识不强。

2. 经济发展不均衡

改革开放以来，我国经济突飞猛进地发展，GDP（国内生产总值）年均增长率逐年上升。随着高等教育的发展，大学毕业生数量不断增长，新型行业不断兴起，尤其是服务业的兴起，也给大学毕业生提供了更多的就业机会。但由于各地区、各行业发展严重不均衡，也导致大学毕业生在就业过程中的就业观容易出现偏差。

一方面，沿海发达城市和省会城市经济发展相对较快，能够为大学毕业生提供更好的发展平台和更高的薪资待遇。同时西部地区及城乡基层单位则发展相对缓慢，工作环境和发展前景在一段时间内不如发达城市。地区经济发展的严重不均衡，导致大学毕业生在面临“工作首选地区”这一问题时，有超过半数的大学毕业生选择沿海发达城市和省会城市，而首选西部地区及城乡基层单位的大学毕业生只占总数的10%左右，造成“魔都热”“帝都热”的现象严重，也影响大学生的就业观。

另一方面，各行业发展也存在不平衡。近年来，金融、IT等行业发展迅速，虽然工作强度较大，但在招聘过程中开出的薪资水平远高于大学毕业生的起薪平均数，并以此来吸引大学毕业生。同时，教育、旅游、家庭护理等服务业因发展相对滞后，薪资较低，在招聘过程中很难得到大学毕业生的青睐。各行业发展的不平衡，导致大学毕业生在就业过程中忽视自身的专业特长和兴趣爱好，过分注重经济收益，跟风挤向“多金”行业。

3. 用人单位观念错位

高等教育大众化要求大学生转变就业观念，树立普通劳动者意识，以普通劳动者的身份参与竞争和就业。但与此同时，很多用人单位的用人观念却没有随之转变。因高等教育大众化造成大学毕业生数量不断增长，用人单位在招聘过程中处于买方市场，而出现观念错位的现象，这也影响了大学生的就业观。

随着高等教育的发展，大学生群体不断壮大。用人单位为了在较短的时间内，在庞大的求职队伍中选拔出自己所需要的员工，往往设置了一些不具广泛性的“硬指标”。比如，

非硕士博士、非985或211学校毕业、非党员、非学生干部者一律淘汰。因此，这些不具广泛性的“硬指标”无疑使大学毕业生的就业形势更加严峻，导致一些大学毕业生在就业过程中为求得一份工作，简历造假、证书造假，诚信意识严重弱化。

部分用人单位招聘标准单一化，过度强调专业对口问题。随着高等教育步入大众化阶段，专业界限已逐渐被淡化，一些岗位经过入职前培训就可以胜任。但对于新入职大学毕业生，企业对他们进行职前培训的几个月时间内，他们几乎不为企业创造任何价值，而企业却要支付他们的培训费用和员工工资。一些企业为了降低成本，不愿承担大学毕业生入职前的培训工作。这使一些综合素质较高的大学毕业生，在去自己心仪的单位应聘时，经常仅仅因为专业不对口而被用人单位拒绝。用人单位观念错位，也会影响到大学生的就业观念，导致大学毕业生在就业过程中偏执地固守本专业，视野狭窄。

（二）学校因素

学校教育是教育者按照一定的社会要求和受教育者的身心发展规律，对受教育者施加有目的、有计划、有系统的影响，促使其朝着社会所期望的方向变化发展的活动，是一个人一生中所受教育的最重要的组成部分。高校教育质量的高低不仅反映在大学毕业生的能力与素质上，更反映在大学毕业生的就业观念和就业行为上。高等教育大众化阶段，随着扩招政策的实施，大学毕业生就业形势严峻，加之部分高校教育目标的错位、专业设置与课程安排不够合理、就业指导工作存在一定弊端等问题的出现，都严重影响了部分大学生科学就业观的树立。

1. 部分高校办学思路存在偏差

改革开放以来，我国经济迅速发展，人民的生活水平不断提高，高等教育也逐渐驶入改革的快车道。随着高等教育从精英化阶段向大众化阶段和普及化阶段逐步推进，高校的办学思路也发生了巨大变化，同时不可避免地出现了一些偏差。

在高等教育大众化阶段，部分高校正处于一种补偿性增长的阶段，摒弃了“培养社会英才”的办学宗旨，转而以“提供求职拍门砖”为办学思路，导致部分大学生用功利主义的眼光看待高等教育。这使得部分大学生本身就是冲着一纸文凭而来，他们以为有了一张文凭就理所应当地能拥有一份好工作。当现实根本不是这样一回事的时候，当不能找到与其身份相适应的工作时，有些大学毕业生宁愿选择待业，也不愿降低身份从事部分人眼中所谓没有尊严的工作。有些大学毕业生则会觉得很委屈，甚至采取极端的行为。由此可见，由于部分高校办学思路出现偏差，导致部分大学毕业生在就业过程中期望值过高，定位不切实际，抗挫折和抗打击能力严重不足。

2. 部分高校专业设置不合理

近年来，高等教育大众化已成态势，各高校都在进行大规模扩招，并开设新专业。与此同时，高校应尽量保证高等教育的层次结构设置与社会经济发展对人才的需求层次基本一致。

部分高校由于受到利益的驱使，不顾自身办学条件所限，想尽办法迎合社会对于“热门专业”的追捧，比如看到社会上金融、电子、计算机专业很热门，就蜂拥而上，盲目开设一些“热门专业”，造成“热门专业”过热，甚至出现部分“热门专业”人才供给大于社会需求的状况。部分高校这种专业设置不合理的现象，违反了高等教育发展的客观规律，不仅造成了办学资源的浪费和教学质量的降低，也在一定程度误导了大学生的就业观念。导致不同专业的大学生就业观存在明显差异：工学、理学、经济学等部分专业的大学生对未来就业过于乐观，盲目自信，在就业过程中期望值过高，定位不切实际；同时，文学、法学、教育学、农学等另一部分专业的大学生则对未来就业过于焦虑，一味自卑，在就业过程中自我定位偏低。

3. 部分高校就业指导不尽实效

中国有句古话：“人无远虑，必有近忧”。在高等教育大众化的背景下，大学毕业生就业形势日益严峻，关于未来的就业问题，大学生也应该尽早做好准备。大学生应该在大学入学之初就树立为未来就业做充分准备的思想意识，发掘自己的兴趣爱好及特长，清楚认识到自己的优势和劣势，对于自己适合做什么、不适合做什么、能做好什么、不能做好什么有一个全面的认知和了解。在高等教育大众化背景下，在大学毕业生就业过程中，高校有着无可替代的作用，尤其是在宣传就业政策、获取就业信息、进行就业指导、推荐毕业生等方面起着重要的媒介作用。而在大学生群体中，有近35%的人就业准备不充分，甚至没有“职业生涯规划”这个概念。一些大学生到了临近毕业期才临阵磨枪，没有目标、没有方向地抱着“赶集”的心态去参加各种人才招聘会。这也从侧面反映出部分高校就业指导的缺位，这无疑会导致大学生在就业过程中的就业恐慌。

一些高校虽然开设了就业指导课程，但由于受教学资源不足等诸多条件的限制，不少高校就业指导课程安排得不合理。据了解，大部分同学对于一些高校开设就业指导课程都表示充分肯定，但学生的实际到课率并不高。其主要原因是大部分高校的就业指导课程都是针对应届毕业生开设的，而大四学生因为报考研究生或外出参加应聘而时间相对紧张，不能按时到场听课。另外，由于高校就业指导专业教师人数、教学场地不足等原因，高校就业指导一般都采用大班教学的方式，难以实现“一对一”辅导，导致就业指导的效果大打折扣。大学毕业生在就业过程中出现的诸如就业恐慌、就业焦虑等心理问题不能及时得到排解，面对就业过程中的挫折和失败，心理承受能力明显不足。

此外，部分高校职业道德教育与价值观教育不到位，也是导致大学生就业功利取向增强、服务意识弱化的一个非常重要的原因。一些高校在日常的就业指导中偏重于就业技能的指导而忽视就业道德观价值观的教育，导致大学生就业功利取向增强、服务意识弱化。

高校有必要从思想政治理论课、辅导员的日常思想政治教育工作中，强化职业道德教育和价值观教育，以引导大学生在经济利益与个人价值、社会价值之间做出正确权衡，强化大学生的服务意识。

（三）家庭因素

家庭是孩子成长的摇篮，是个体社会化过程中的第一个重要环境，父母的期盼及价值观、家庭经济状况和所在地域状况、家庭教育方式等都会对大学生的就业观产生潜移默化的影响。尤其是绝大部分子女在经济和生活上对家庭的依赖性以及中国传统文化中强调的个体对家庭和集体利益的服从思想，都使家庭在大学生思想观念上有着巨大的权威性。总之，家庭对大学生就业观的影响长期而深远，不论是入学前的志愿填报，还是毕业后的职业选择，或多或少都掺杂着父母甚至家族的意志与愿望。

1. 父母的期盼及价值观

父母会因为自身受教育水平及其所从事职业的不同而产生不同的价值观，进而去影响孩子的就业价值取向。例如，有的父母向子女灌输金榜题名、光宗耀祖的思想；有的则告诫孩子“吃得苦中苦，方为人上人”；而有的父母教育子女要以天下兴亡为己任。在我国，父母对子女就业的期望值普遍偏高。一是对职业性质的期望，很多父母把职业性质看得很重，都希望子女大学毕业以后能找个所谓稳定的、社会地位高的工作，而对从事服务行业的工作却存在很大偏见，觉得既不体面又没前途。二是对职业收入的期望，高投入自然期望高回报，如今培养一个孩子成才确实需要一定的教育经费，这些高额的投资对于很多家庭来讲都不是一笔小数目。因此，一些父母十分关注子女职业的经济收入状况，以工资收入的高低来判断职业的好坏，进而影响子女的就业标准。三是对就业地域的期望，很多父母希望自己的孩子大学毕业以后能到繁华的大城市工作并且定居，这样不仅自己脸上有光、在亲戚面前有面子，而且还能让孩子拥有更大的发展前途，过上更好的物质生活。总之，父母会长期的、有意无意地把他们对职业的看法灌输给子女，导致子女在承受巨大就业压力的同时也拥有了期望值过高的就业观。

2. 家庭经济状况和所在地域状况

每个家庭的经济条件以及具体的居住环境是存在差别的，不同的家庭对子女就业观的影响是参差不齐的。

从家庭经济状况来讲，首先，家庭经济水平影响着大学生的就业标准。家境殷实的大学生大部分从小就拥有了较好的教育环境，读热门专业、上名牌大学、考研、出国深造的机会相对多一些，眼界的开阔和才艺技能的丰富使得这些大学生拥有更强的就业竞争力。另外，物质上的优越使他们在就业时不用过多担心收入问题，考虑更多的是自己的兴趣、爱好及职业的舒适度。家庭贫困的大学生则不一样，高额的教育投入几乎使家庭负债累累，同时也让他们背上了沉重的经济负担，以至于在就业时这些大学生更为关注的是收入问题。其次，家庭经济水平影响着大学生的就业积极性、主动性。很多家境优越的大学生在毕业时，就业不是急不可待的事情，其中，有的大学生会选择在父母的庇护下暂时逃避就业，也有的直接把工作问题推给父母，希望他们通过金钱或者强大的人际关系解决。而家庭贫困的大学生在毕业时，常常会活跃在各类人才招聘市场当中，勇敢地推荐自己，抓住一切可能抓住的机会积极主动就业。

从家庭所在地域状况来讲，主要是城乡之间的差异。出自城市的大学生普遍缺乏吃苦耐劳的精神，就业时很少愿意去城乡基层单位，而且一部分城市家庭的父母都是从农村奋斗出来的，他们中的大部分人来到城市生活的目的就是为了让孩子过上更好的生活。而大部分来自农村的大学生虽然能吃苦，承受力强，但是从动机上看，他们上大学的目的就是为了走出农村。

3. 家庭教育方式

家庭教育方式一般是指父母在抚养、教育子女的过程中所采用的方法和形式，科学的家庭教育方式应该会使子女终身受益，而不良的家庭教育方式则可能会让子女一生受累。具体来说，家庭教育方式包括民主型、溺爱型、专制型等。在民主型家庭中，温馨和睦的家庭氛围能使绝大部分大学生形成阳光、开朗、自信、坚强、团结的良好品质，拥有正确的就业心态，既不悲观失望，也不好高骛远。而且父母在子女就业的过程中，也只是提供参考意见，或共同商洽，不会把自己的意志强加在子女身上。而在溺爱型家庭中，大部分大学生从小被娇生惯养、精心呵护，一切事情都由父母包办或承担，较少经历挫折，以至于他们的依赖性强、抗击打能力弱，普遍缺乏独立自主意识。在就业时，他们中的大部分人往往有着怯懦、畏惧、焦虑等心理，寄希望于家庭或者学校，而父母既希望子女能成才，干出一番事业，又怕孩子吃苦，所以还是会尽自己最大努力帮助子女就业。在专制型家庭中，普遍存在父母就是权威，孩子要绝对服从的现象，父母不仅会强行干涉子女高考志愿的填报，更会控制他们的就业取向，如果父母认为家乡好，便不会准许子女到外地发展，在这样的家庭环境中成长起来的大学生，就业观很容易走入一个误区，那就是忽视自身兴趣爱好和职业理想，完全依照父母意愿进行就业选择。

（四）大学毕业生自身因素

虽然社会、学校、家庭等外界因素都会对大学生就业观的形成和发展产生影响，但是大学毕业生自身因素才是导致其就业观形成的根本原因，最终做出职业选择和具体就业行为的也只能是大学毕业生个人。其主要问题以及因素有以下几点。

1. 自我认知缺乏

正确的自我认知是促使大学毕业生成功就业的前提条件，也是影响其就业观念的重要因素。首先，他们在就业时会选择相对较高的定位。其次，他们长期生活在校园里，社会

阅历不够，他们对就业环境、就业形势、就业政策缺乏切身的体验和深入的了解，因而他们在观察、分析和处理问题时，常常缺乏理性眼光，不能客观地认识自身能力。有的大学毕业生甚至盲目乐观，自我评价过高，导致就业期望值过高；有的大学毕业生过分强调自身缺点，妄自菲薄，导致就业期望值过低，对就业抱有悲观心态。最后，由于缺乏科学的认知手段和方法，部分大学毕业生往往不能充分了解自身兴趣、爱好、需要、气质、性格、能力等，他们不知道自己究竟想从事什么样的职业，能从事什么样的职业，更别说针对自身特点进行合理的职业生涯规划。

2. 身心发展不同步、调整能力不强

我国普通高校大学生的年龄一般在18～24岁，正处于青年期，这个时期的部分学生其身心发展是不同步的。他们中虽然大多数在生理上已经发育得较为成熟，但是心理发育仍有不成熟、不稳定的方面。多数大学生接受新事物较快，自我意识强烈，有很强的好胜心、自尊心，还有一定程度的虚荣心。通常他们的自我控制力、意志力相对薄弱，心理承受力、是非判断力差，经不起挫折和失败的考验，容易迷失自己，进而放纵自己。加之大学生的知识体系还不完善，而就业本身又是各种矛盾的汇集，常常需要在各种矛盾的环境中艰难抉择，所以大部分大学毕业生在求职就业过程中常常会表现出心理上的矛盾性、复杂性。例如，他们拥有远大的职业理想，却不敢面对现实的残酷；他们希望自主创业，又怕承担风险和责任；他们渴望独立自主，又有较强的依赖心理；他们想到城乡基层单位锻炼自己，又怕被埋没了才能。这些矛盾心理是在大学毕业生中普遍存在的现象，但是鱼和熊掌不可兼得，大学毕业生必须及时调整，当机立断做出正确选择，否则这种矛盾心理就会成为影响大学毕业生就业观的不利因素，最终阻碍大学毕业生顺利就业。

3. 注重自我、淡化能力与素质的提升

大学毕业生无论从事哪一种职业都需要具备一定的能力与素质，可以说在知识经济时代，大学毕业生在人才市场上的竞争主要是其所具有的能力与综合素质的比拼，而且能力与综合素质的差异性会导致大学毕业生产生不同的就业观及就业结果。具体来说，能力包括语言表达能力、环境适应能力、人际交往能力、组织管理能力、实践操作能力、开拓创新能力、自我调控能力等。如果一个大学生在校期间，注重自身能力的培养与提高，他的就业竞争力就会增强，就业观念也会相对端正；反之，其各方面能力都会相对较弱，他的就业竞争力自然不强，就业观也容易出现偏差。综合素质主要包括科学文化素质、思想品德素质、心理素质、身体素质等，其中思想品德素质直接影响着大学生的学习目的和理想追求，进而也影响其就业观。思想品德素质较高的大学生，往往拥有无私奉献精神，他们能够正确处理国家、集体和个人之间的关系，在就业时通常会把为社会做贡献放在第一位，从而选择符合社会发展需求的职业，并为之不懈努力。

第三节　高等教育大众化背景下树立大学生科学就业观的有效策略

一、创造良好的社会环境，为树立科学就业观打下坚实基础

（一）加强宏观调控、强化政府职能

1. 促进经济协调发展

大部分大学毕业生向往城市、不愿到西部地区或城乡基层单位就业等思想的产生，实际上跟我国经济发展不平衡密切相关。所以，政府在抓好经济建设的同时应注重合理发挥宏观调控功能，促进经济的协调发展。主要措施有以下两个方面：一是统筹区域经济发展，缩小区域差距。区域经济的协调发展，是解决大学毕业生就业的结构性矛盾、缓解东部地区就业压力、引导大学毕业生到中西部地区就业的重要因素。而要做到这一点，政府除了要继续推进西部大开发、促进中部崛起、振兴东北老工业基地等战略措施外，还应该努力实现区域间公共服务的均等化，保证各个地区都有基本统一的教育条件、医疗卫生条件、社会福利待遇等。二是统筹城乡经济发展，缩小城乡间的差距。城乡二元结构形成的长期性与复杂性决定了统筹城乡经济发展的艰巨性，从一定程度上也说明了大学毕业生就业观的转变是一个缓慢的过程。政府应继续加大对农村地区的财政投入，支持农村经济高水平集约化发展，并继续完善相应的基础配套设施，优化农村地区就业环境，以吸引更多的大学毕业生到农村地区就业，为建设社会主义美丽新农村做出贡献。

2. 完善和落实相关就业政策

近年来，为解决大学毕业生的就业问题，国家出台了一系列鼓励和引导大学毕业生到西部地区、到城乡基层单位就业以及自主创业的政策，如“三支一扶”计划[①]、“特岗教师”计划、“大学生村干部”计划、“自主创业”计划等，这些政策的实施在一定程度上对大学毕业生就业观的转变产生了积极影响。但就其效果而言，还未达到预期目标，对大学毕业生的吸引力仍有待加强。所以，政府应积极采取有效措施，在加强宣传的同时，进一步完善和落实大学毕业生的相关就业政策。例如，加大对到西部地区和城乡基层单位就业的大学毕业生实施政策上的保障和支持，体现在保险、生活补助、档案关系存放等配套政策的落实，提高他们的整体工资水平，在工作一段时间以后，给予他们更好的安置。综合运用财政、金融、工商、税收等手段，加强对大学毕业生自主创业的扶持力度，简化各种

① “三支一扶”计划，是指大学生毕业后到农村基层从事支农、支教、支医和扶贫工作。

审批手续，削减行政收费，降低企业注册门槛，增加创业补贴，提供小额贷款等服务，尽可能多地减免大学毕业生自主创业的税收，建立大学毕业生创业专项基金等。总之，通过相关就业政策的完善和落实帮助大学毕业生树立科学的就业观，提高大学毕业生的创业意识和奉献精神，引导他们自主创业，引导他们到祖国最需要的地方去。

3. 改革劳动人事制度

政府相关部门需要持续深化劳动人事制度的改革，及时消除不利于大学毕业生就业的制度性障碍，打破地区壁垒和行业壁垒，为大学毕业生的自主就业开拓更大的空间，促进人才的合理流动。政府应切实落实用人单位尤其是非公有制单位的合理用人自主权，简化大学毕业生的落户办理流程，逐步取消不合理的户口指标、进人指标、人事档案权限等限制，遏制地方保护主义，鼓励高校大学毕业生跨省、跨市就业，拓宽大学毕业生的就业渠道。与此同时，政府还应该将大学毕业生就业工作纳入社会就业的总体规划之中，完善社会保障体系，为大学毕业生提供必要的医疗、住房、养老保险等社会保障服务，解除他们到非公有制单位就业的后顾之忧，帮助他们树立科学的就业观。

（二）充分发挥大众传媒的舆论导向作用

社会舆论是指大部分公民对某一社会问题的共同的看法或意见。受传播工具现代化、多样化、便捷化特征的影响，社会舆论的影响力也越来越大，以大学毕业生就业为例，社会舆论对大学毕业生就业观形成和发展的作用是广泛而深刻的，具有较强的针对性、导向性、约束性和感染力。所以，要想帮助大学毕业生树立科学的就业观，就必须调动一切积极因素，努力营造良好的社会舆论环境。利用好报纸、杂志、广播、电视、网络等渠道和途径充分发挥其对舆论的正确引导作用。总的来讲，大众传媒应该做好以下几方面工作。

1. 客观地报道就业形势

大学毕业生就业难是一个不争的事实，大众传媒有必要通过报道让大学毕业生尤其是那些仍然抱有精英观念的大学毕业生看清形势，拥有适当的就业压力，促使他们为提高就业竞争力而更加注重自身能力与综合素质的培养。同时，还应该让大学毕业生知道目前的就业难在很大程度上是一种结构性的困难，是由于大学毕业生就业期望值过高导致的有业不就，并非是真正的无业可就，媒体要引导他们树立科学的就业观。

2. 宣扬职业无贵贱思想

职业原本就无高低贵贱之分，“三百六十行，行行出状元”，任何工作只要努力去做，干出成绩，就一定会得到社会的认可。应该更多地赞扬那些在平凡岗位上无私奉献的大学毕业生，引导大众认识到收入多、地位高、权力大不是判断成功与否的唯一标准。

3. 积极宣传就业政策

大学毕业生只有全面了解就业政策才能更好地就业。大众传媒应及时并准确地宣传大学毕业生就业的最新方针政策，尤其要对国家出台的关于鼓励大学毕业生自主创业和到城乡基层单位就业的优惠政策做出正确解读，同时配合政府的宣传，报道一些大学毕业生创业成功和扎根城乡基层单位服务的典型事迹，以便激发大学毕业生的创业热情和奉献精神。

4. 强化监督功能

对于就业市场上出现的不公平竞争现象，一经发现就应该在合理的范围内进行报道披露，努力为大学毕业生创造公平的就业环境。

（三）建立和完善合理的用人选才机制

用人单位必须从构建和谐社会的高度来认识大学毕业生的就业问题，增强社会责任感，改变用人观念，建立合理的用人选才标准，为解决大学毕业生就业难问题做出应有贡献。

1. 避免人才高消费

如果部分用人单位在招聘时不过分注重学历，一些应用型本科高校的大学毕业生就不用为了“工作需要”而被迫考研、读博，而且实践证明，这样做既造成了人力资源的极大浪费，又不利于用人单位的长远发展。文凭不是鉴别能力高低的唯一标准，高学历不一定等于高素质、高能力，用人单位作为人才的招聘方和使用方要正确地认识到这一点，不能不顾岗位实际需要而过于强调引进过高学历的毕业生，应该把品德、知识、能力等是否与岗位需要相适应作为用人选才的主要标准，做到不唯学历、不唯身份、不拘一格吸纳人才。

2. 合理降低招聘门槛

过高的招聘门槛会使很多大学毕业生“望职兴叹”，失去求职的勇气。用人单位必须树立科学理性的用人选才观，适当放宽条件、合理降低招聘门槛，合理设置招聘条件。各用人单位应积极接纳大学毕业生，为他们提供一个施展才华的机会和舞台。

3. 避免就业歧视

用人单位必须调整用人选才观念，设身处地为大学毕业生着想，避免就业歧视。用人单位应尊重每一位大学毕业生的自然特性和人格特征，摒弃对大学毕业生性别、毕业学校声誉、学历等方面的不合理的偏见，正确权衡户口、性别、专业等方面的限制，广纳贤才，遵循人职匹配理论，做到人适其事、事得其人。为大学毕业生就业创造公开、公平、公正的竞争环境。

二、强化父母的教育引导功能，为树立科学就业观提供有力保障

要引导大学毕业生走出就业观误区，必须强化父母的教育引导功能，充分利用家庭的

积极因素，克服消极不利的影响。父母应通过适当降低对子女的期望值、为子女创造良好的家庭氛围等途径，帮助大学毕业生树立科学的符合社会发展需求的大众化就业观。

（一）更新观念，设置合理的期望值

1. 父母要摒弃落后观念

社会在发展，时代在进步，父母的价值观念也应该与时俱进，要根据当前就业形势的变化进行积极调整，而不是固守传统观念，认为子女上了大学就是进了“保险箱”，就是“准干部”，毕业后就该住大城市、拿高薪、拥有体面的工作。父母应从内心深处打破“铁饭碗”思想，了解大学毕业生就业难的现实，进而以正确的态度引导子女去主动接受市场的考验并面对各种就业问题。另外，即便是家庭经济困难的学生父母，也不能固执地抱有高额经济付出必然需要相应的经济回报的思想，供子女上大学是为了让他们学习知识、提高能力、优化品质，不能单纯地用经济收益来衡量接受高等教育的意义。

2. 父母应设置合理的期望值

父母必须意识到只有合理的期望才会给子女就业带来积极影响，很多父母拥有的“望子成龙，望女成凤”的思想无可厚非，但是在就业形势异常严峻的当下，父母不能再盲目地对子女提出不切实际的高要求，而是应该时刻关注子女在大学期间的学习情况、能力培养情况、技能水平情况、社会实践情况、社会交往情况等，以便全面了解子女在大学生群体中所处的层次，并形成合理的职业期望。总之，父母应该在客观评价子女的基础上，形成与子女自身实际发展水平相符合的就业期望值，只有这样，当大学毕业生面临职业选择和就业问题时，父母才能真正地提出理性建议，成为引导大学毕业生转向科学就业观最终顺利实现就业的有效推进器。

（二）转变教育方式，营造良好的家庭氛围

家庭是一个人形成就业观的第一课堂，父母是孩子的启蒙老师，不同家庭的不同教育方式给子女个性的发展和人生观、价值观、就业观的确立带来的影响都是不一样的。由前文可知，过度溺爱型的家庭教育方式容易使大学生形成较强的依赖性，独立自主意识薄弱，就业时依靠家庭的思想严重。父母绝对权威的专制型家庭教育方式又会扼杀子女的梦想，使大学生完全按照父母意愿被动就业。而民主型的家庭教育方式，能使大学生形成优良的个性品质，有助于大学生毕业时顺利就业。所以，父母必须注重转变教育方式，为子女营造良好的家庭氛围，帮助子女树立科学的就业观。

要想做到这些父母必须注意以下几点：一是不断提高自身素养。父母是家庭教育的施教者，父母只有自身拥有了健康的情感、坚强的意志、乐观的心态、良好的修养，才能以身作则，发挥榜样示范作用，潜移默化地影响子女的观念和行动。二是培养子女自立自强

的精神。虽然父母都会把自己的孩子视为掌上明珠，万般呵护，但是疼爱也要讲原则和方法，为了子女的将来，父母应该从小就培养子女的责任意识和自立自强精神，让他们懂得凡事要靠自己，只有通过自身的努力奋斗才会拥有理想的工作。三是尊重子女的选择。大学毕业生在就业时，往往会根据自身喜好和性格特点等选择适合自己的职业，这个时候父母要给予子女充分的选择权和决定权，即使子女的观念暂时不正确，父母也应尽量采取民主协商的方式提出合理化建议。四是时刻关注子女的心理变化。大学毕业生如今面临着巨大的就业压力，很容易产生一系列心理问题，父母要多和子女沟通交流并关注其心理变化，及时安慰和鼓励子女，帮助他们重新振作，走出心理误区。

（三）主动引导子女树立科学就业观

帮助大学生树立科学的就业观，从家庭方面来说，父母只是适当降低对子女的就业期望值或者创造良好的家庭氛围从而不给大学毕业生带来过大就业心理负担是不够的，父母还应积极主动地进行正面引导，注重在子女成长的过程中对其进行就业观教育。

父母要充分意识到高等教育大众化背景下高校培养的各类人才，既有到大型企业单位、沿海发达城市就业的毕业生，又有到城乡基层单位、农村地区和西部地区就业的毕业生，还有能够自主创业的毕业生。所以，在长期的家庭教育中，一方面，父母需要响应国家政策的号召教育大学生毕业时积极到基层就业（这里所指的基层不仅包括生活条件相对艰苦的农村地区或西部边远地区，还包括城乡的基层单位和单位中的基层岗位）。从小培养子女艰苦奋斗和无私奉献的精神，教育子女把个人价值与社会价值统一起来，到祖国需要的地方去，告诉子女基层是锻炼、造就人才的摇篮，要帮助子女树立“干一行爱一行”，在任何岗位上都能发光发亮的就业思想。另一方面，父母要支持和鼓励大学毕业生自主创业。自主创业是最高形式的就业，自主创业不但能解决大学毕业生自身的就业问题，还能为他人创造更多的就业岗位，父母要理解这一点，并在日常生活中培养子女的创新意识和创造能力。当子女大学毕业后选择自主创业时，父母要给予一定的支持和鼓励，并在经济上提供力所能及的帮助。

三、深化改革，发挥高校树立大学毕业生科学就业观的主渠道作用

从影响大学毕业生就业观的外部因素来讲，学校教育是大学毕业生树立正确就业观的主渠道。高校应充分认识到这一点，以就业市场以及社会需求为导向深化高等教育体制改革，通过明确高等教育的人才培养目标、按市场发展需求科学设置专业与课程、完善高校的就业指导工作等方式引导大学毕业生转变不良就业观。

（一）明确高等教育的人才培养目标

只有不断改革和创新高等教育体制，高等教育事业的发展才会有更大的提升，高等教

育才能更好地担负起为经济和社会发展提供高素质人才的重任。而要完善高等教育体制首要的就是调整高等教育的人才培养目标。高等教育大众化阶段，高校应该把高等教育的人才培养目标由强调专业教育、培养高级专门人才，适当转向重视通识教育、全面提高大学生的综合素质与能力，培养复合型人才。当然，重视通识教育并不意味着高校应该放弃专业教育，而是主张以厚基础、宽口径、重实践、强能力为目标，培养一专多能、专通结合的人才，具体来说就是高校应该在实施宽口径的专业教育的基础上进行通识教育，注重大学生的专业知识、综合素质、创新精神、良好实践能力和动手能力的养成。实践证明，“通才”不仅是时代变化和社会发展对大学毕业生提出的高要求，也是就业市场的迫切需要，而且还对大学毕业生就业时淡化专业对口观念起着重要作用。

在调整高等教育人才培养目标，开展通识教育的同时，各个高校应根据学校自身的办学条件和特色进行合理定位，不能为了创建综合型、研究型大学而不顾自身实际能力盲目跟风。

（二）按市场发展需求科学设置专业与课程

高校的专业与课程设置如果滞后于市场发展的需求，就会使得大学毕业生的专业结构与知识技能和市场供求之间出现断层。这在客观上造成了大学毕业生就业的结构性困难，进而制约着大学毕业生树立科学的就业观念。所以，高校必须积极推进教育体制改革，加大投入，切实改善办学条件，进行深入的市场调研，并对调研结果进行理性分析，以长远、发展的眼光科学预测未来市场对各类人才的需求情况，最终根据市场发展需求科学设置专业与课程。

1. 以市场为导向，科学设置专业结构

（1）开设适应市场发展需求和社会发展需要的新专业。高校不能盲目地追求并创办当下所谓的热门专业，而应按照市场发展需求和社会发展需要增加一些新的实用型、应用型专业，并加强对新专业的宣传、建设与管理，以便培养优秀的合格人才。

（2）创办特色品牌专业。高校应根据自身办学特色，大力发展优势专业，创办特色品牌专业，提高本校大学毕业生参与就业时的专业竞争能力。

（3）适当调整或取消冷门专业。对于就业率过低、市场需求日渐萎缩的冷门专业或长线专业，高校可以在逐渐缩减招生人数的基础上予以适当调整或取消。

2. 以就业为重点，合理选择和安排课程内容

首先，可以适当合并、削减一些陈旧的、不再适应教学内容的课程。其次，有针对性地增设一些有利于培养大学生综合素质、创新精神、实践能力的课程，例如，开设创业学导论之类的课程指导大学生毕业后的自主创业。再次，在优化专业必修课的基础上，增加选修课的设置比重，因为选修课不仅能满足学生的兴趣爱好，激发学生的自主学习意识，

还是学生获得专业课以外的博学知识的重要途径。最后，课程安排应该重视实践环节。对于大学生来说，丰富的社会实践课程有助于他们在积累社会经验的同时客观地认识和定位自己，端正自身的就业观念。

（三）完善高校的就业指导工作

1. 健全就业指导机构，加强师资队伍建设

（1）高校应健全就业指导机构。高校要尽快建立和完善集教育、管理、指导和服务等功能于一体的毕业生就业指导和服务体系，建立以服务为主体并能独立开展高校毕业生就业指导工作的机构，为大学毕业生的顺利就业提供组织保障。高校设立专门的就业指导机构，各部门应分工明确、各司其职，同时，各个院系也应该根据自身专业特色成立就业辅导部门、就业指导小组等，形成一套科学高效的就业指导和服务体系，共同为大学毕业生及用人单位提供信息、咨询、培训、指导等全方位、多层次的服务。

（2）高校应加强就业指导的师资队伍建设。建立一支专业的、高素质的就业指导师资队伍，是高校就业指导工作有效开展的必要条件。就业指导不只是一般性的具体事务工作，它更是一项综合性工作。因此，需要指导老师系统掌握就业理论知识及相关教育学、心理学、社会学、管理学基础知识，了解社会需求，熟悉就业形势与政策，拥有丰富的实践教学经验等，所以高校在就业指导教师选拔、引进上应本着唯才是举的原则严格把关，全面考量教师的专业水平和综合业务能力。在就业指导教师的培训方面也要有计划、有系统地进行，并积极创造条件让一些教师有机会到就业指导工作做得比较好的国家和地区进行进修。

2. 丰富就业指导内容，创新就业指导形式，开展全程化、全员化的就业指导工作

（1）丰富就业指导内容。就业指导内容关系到就业指导的质量和效果，只有构建科学的就业指导内容体系，才能有的放矢，引导大学毕业生树立科学就业观。在新时期，高校就业指导的内容应该有所拓展和丰富，不能仅局限于分析就业形势、提供企业招聘信息、讲解求职技巧，更应该侧重于思想观念上的指导。具体来说，高校应该侧重完善以下几方面的指导内容：一是职业生涯规划教育。通过职业生涯规划教育，让大学毕业生充分了解自我与职业的关系，使他们根据社会需求、自身爱好、实际能力等情况确定合理的就业目标，制订学习与发展计划，并为其实现付诸努力。二是职业价值观教育。就业观在一定程度上是价值观在就业问题上的反映，高校应让大学毕业生认识到职业无高低贵贱之分，教育大学毕业生在就业过程中要正确处理个人与社会、国家的关系，坚持个人与社会需求的统一，必要时应顾全大局，为社会发展做出应有的贡献。三是创业教育。高校要大力开展创业教育，不仅要注重大学毕业生的创业意识的培养，还应该通过提供创业平台、组织创

业大赛等形式提高大学毕业生的创业能力。

（2）创新就业指导形式。内容与形式是辩证统一的，它们相互影响、相互制约，合适的形式能够更好地表现内容，所以明确和丰富了就业指导内容之后，还应该创新就业指导形式，这样才能保证就业指导工作能够行之有效。高校的就业指导工作应不断开拓创新，通过多种方式进行教育和指导。例如，开设专门的就业指导课程。高校应该把就业指导课程作为学生的一门必修课列入正常的教学计划当中，并均衡地分配到各个学年当中，当然课程的设置必须具有灵活性，总课时不应过多。就业指导应与思想政治教育相结合。高校可以将就业观教育融入思想政治教育的教学体系中，通过思想政治教育加强大学生的诚信意识、基层服务意识和社会奉献精神，培养他们高尚的理想信念，帮助他们树立积极乐观的人生观、价值观、就业观。另外，情景模拟招聘的过程、建立就业信息网站、开展就业实践活动、针对学生特点进行个性化的咨询与辅导等都是良好的就业指导形式。

（3）开展全程化、全员化的就业指导工作。所谓全程化就业指导，是指高校应该从学生一入学就开始进行有关就业方面的教育和指导，并将这种教育和指导贯穿于大学学习的全过程，让大学生自始至终关注就业前景，按照职业生涯规划的目标实施自己的成才计划和就业计划。高校必须改变过去就业指导活动短期化、形式化的特点，树立全程化的就业指导理念，把就业指导工作延伸到整个大学教育中，以便真正增强就业指导工作的实效性。进行全程化就业指导必须做到连续性和阶段性的有机结合，针对各个年级大学生的不同特点，提供不同的教育内容。例如，大一阶段，学校应结合入学教育，帮助大学生客观地认识自我，明确学习目标，让他们了解所学专业的特点及发展前景，并开展职业生涯规划指导，培养大学生的职业意识。大二阶段，有计划、有步骤地指导大学生提高自身职业发展的素质与能力，帮助大学生打好专业基础，完善各方面能力。大三阶段，注重引导大学生树立科学的人生观、价值观、就业观，针对大学生就业期望值偏高、基层就业意识淡薄等问题开展就业观教育。大四阶段，学校应侧重于就业形势的宣传、就业信息的发布、就业技巧的指导以及就业心理的辅助，使毕业生在准确地把握就业形势，在了解用人单位需求的基础上，确立合理的就业目标，拥有良好的就业心态并通过正确的求职技巧成功就业。

就业指导工作应该以全程服务、全员参与为基本宗旨，高校在开展全程化的就业指导工作的时候，同时也不能忽视就业指导工作的全员化要求。高校应认识到就业指导工作是一项长期复杂的系统工程，仅凭学校领导、就业指导中心的专业工作者和院系辅导员的重视和指导是远远不够的，还需要全体教职工及学生自身的积极主动参与，在此基础上采取各种措施引导全校上下树立责任意识和全局观念。总之，各科教师应在自己的教学活动中渗透大学生的就业观教育，各类行政工作人员也应在学生管理活动中进行相应的就业指导与服务，而大学生自己不仅要积极主动接受学校的就业指导，也要时常进行自我教育。

四、加强大学生的自我教育与自我调整

（一）认清形势，调整就业期望值

我国高等教育发展到大众化阶段以来，大学毕业生在就业市场供不应求的局面一去不复返，就业难普遍成了大学毕业生面对的问题。但是，不少大学毕业生却没有充分意识到这一点，他们仍然抱有精英化高等教育观念，对自身的期望值非常高，重名利、重地位、轻事业、轻奉献，一味地追求入职大城市、大公司，导致难以成功就业。大学生经过大学阶段的奋斗与拼搏，想要谋求一份理想职业的想法是可以理解的，但要想使自己的理想变为现实，就必须认清就业形势，在审时度势的基础上主动调整好就业期望值，合理降低对单位性质、薪酬待遇、就业地域的要求，摒弃落后就业观。当前，城市的工作岗位不仅竞争大而且逐渐趋于饱和，大学毕业生如果非城市不去必定会影响到自己的就业前景。相反，农村或基层地区由于经济发展的需要急缺大量人才。作为普通大众，大学生应该放下精英意识，改变传统的观念，以低姿态进入社会，艰苦奋斗、乐于奉献，在基层岗位上寻找机会、积累经验、增长才干。大学毕业生要适应时代潮流，树立自主创业观念。面对如今的就业形势，自主创业可以说是一个新的选择，尤其是国家出台的一些鼓励大学毕业生自主创业的优惠政策，也为大学毕业生创业提供了便利和保障。所以，大学毕业生应突破传统观念的束缚，变被动就业为主动创业，并在学习和生活中注重自身的创新思维和创业能力的培养，争取通过自己的努力开创一片天地。总之，大学生是先进生产力的代表之一，理应成为自主创业的领头羊。

（二）合理定位，科学规划职业目标

合理的定位是大学毕业生科学规划职业目标、树立科学就业观念从而顺利就业的前提条件。如果大学毕业生的职业定位非常准确，他们的就业目标就会符合自身实际和社会客观需要，求职就业自然就容易实现，反之则变得艰难。而大学毕业生要想合理地进行职业定位，一是要拥有正确的自我认知。大学毕业生只有正确的认识和评价自我，才能知道自己喜欢什么样的职业、需要什么样的职业、能够从事什么样的职业以及适合什么样的职业。所以，大学生在校期间就应该对自身的个性特点、兴趣爱好、专业特长、能力素养等进行综合评估，并理性分析自身优缺点，确立正确的职业理想。二是要充分了解社会需求。社会需求是不仅是大学生成长成才的基础，还是一个人事业成功的保障。大学毕业生在就业时多考虑一些个人因素无可厚非，但前提是这种选择是否符合社会需求，因为个人在对社会职业进行选择的同时，职业也会对个人进行选择，人们无法脱离社会需求去单纯地进行自我设计与规划，自身的职业理想若不能与社会需求相结合，就会成为空中楼阁，难以实现。

总之，大学毕业生在就业过程中必须摆正自己的位置，一方面客观地认识社会，了解社会，理性分析就业形势与所处环境。另一方面客观地看待自身，正视自身实力，了解自己的性格特点，从而合理定位自己，科学地规划自身职业目标，并根据目标制订出明确、具体、操作性强的职业生涯计划，以便把握先机，避免随波逐流式的学习状态，为就业做好充分准备。

（三）努力保持良好的就业心态

1. 更新对就业的理解

很多大学毕业生认为只有拥有了环境好、前景好、收入高、地位高的工作，才能算学有所得，真正实现了就业。但实际上，一个人如果能够在既能发挥自己的优势又能服务于社会的岗位上工作，通过自身劳动获得合法收入，就是现代意义上的就业。因此，不管收入高低，不管是在机关、企事业单位还是在私营企业工作都是就业，大学毕业生要认识到这一点，保持健康的就业心态，不因日后所从事的工作感到悲观失望或骄傲自满。

2. 敢于面对市场竞争

竞争是市场经济的一个重要特点，如今，竞争机制已经融入社会的各个角落，大学毕业生的就业市场当然也不例外。竞争不但能够促使大学毕业生充分发挥自身的潜能，积极主动就业，还较大程度地体现了社会的公平正义，实现优胜劣汰。面对人才市场上激烈竞争的事实，大学毕业生必须不断提高自己的竞争意识，克服依赖心理和消极被动的心态，树立爱拼才会赢的观念，保持昂扬斗志，敢于竞争并善于竞争。

3. 不畏惧挫折和失败

人生在世，任何事情都不可能一帆风顺，总要经历一些磨难才会成功，就业也一样，有竞争就会有风险，参与市场竞争难免会受到挫折和失败。对于大学毕业生来说，一定要注意增强自身的心理承受力，遇到挫折和失败时不能消极退缩而应积极应对，把挫折和失败当作提高能力、磨炼意志的机会，并冷静分析导致就业失败的原因，及时总结经验教训，并随之调整自己的职业目标和就业心态，鼓足勇气，把握机遇。

（四）注重自身能力的提高与自身综合素质的培养，增强就业竞争力

能力与综合素质是一种就业竞争力，它不仅影响大学毕业生的就业观，还是决定他们最终就业成功的关键因素。在知识经济时代，就业市场上需要的是复合型、创新型的高素质人才，大学毕业生应该明确这一点，并以这种需要为导向不断去充实、调整和提高自己，增强自身的就业竞争力。

1. 注重自身能力的提高

掌握知识是发展能力的前提和基础，大学生对知识的理解越深刻，掌握得越牢固，就

越有利于自身能力的发展，而自身能力又是在实践过程中养成并表现出来的。所以在校期间，大学生应该努力构建合理的知识结构，平时不仅要认真学习本专业的相关理论知识，还要利用选修课、图书馆、网络等资源补充丰富其他知识。然后，在自身知识储备量充足的基础上，通过参与各种实践活动锻炼自己的人际交往能力、组织管理能力、开拓创新能力等。

2. 注重自身综合素质的培养

大学生在锻炼能力的同时必须注重自身综合素质的培养与提升，因为从某种程度上来说，综合素质对大学生就业观的影响更大，一个人只有拥有了良好的综合素质才会懂得把能力发挥应用在正确的事情上。在人的各种综合素质中，思想品德素质作为最基础、最重要且用人单位越来越看重的一种素质，应受到大学生的高度重视，大学生应通过多种途径提高自身思想品德素质，力争做一个品德高尚，对国家、对社会具有强烈责任感，讲求诚信，乐于奉献，有着正确世界观、人生观、就业观的人。当然，大学生也不可忽视身体、心理、科学文化等素质的培养。

第四节　提升大学毕业生就业能力的原则、机制和对策

高等教育大众化背景下提升大学毕业生就业能力应在坚持以人为本、全程指导，提升大学毕业生综合素质与职场适应能力并重，大学毕业生职业发展“三自”（自我调适、自我定位、自我规划）原则的基础上，逐步构建有利于当代大学毕业生就业能力提升的以政府、高校和用人单位三方联动为基础的合力机制，以就业为导向的人才培养机制和大学毕业生个性化就业指导机制，并有针对性地实施有利于大学毕业生就业能力提升的具体对策。其中，原则是前提，机制是保障，对策是落实的关键，三者有机统一，共同构成了高等教育大众化背景下大学毕业生就业能力提升的完整路径。

一、提升大学毕业生就业能力的原则

面对严峻的就业形势，高等教育大众化背景下提升大学毕业生就业能力时，应明确工作方向和原则，在此基础上，推进提升大学毕业生就业能力的整体工作。

（一）以人为本、全程指导的原则

自 20 世纪末我国提出开展素质教育以来，中国高等教育的教学计划和培养目标都做了相应调整。大学毕业生就业工作部门也顺应形势，制定了大学毕业生就业能力培育的诸多配套政策措施，有力地推动了大学毕业生就业，培养出许多合格的高素质毕业生。然而近几年来，随着国内外政治、经济、文化、信息的交流以及高等教育大众化的迅速发展，

素质教育在一定程度上忽略了人的主体性使人成为客体存在，部分院校、单位唯文凭论、形式主义的出现，使素质教育的某些做法偏离了初衷。

高等教育大众化背景下提升大学毕业生就业能力应坚持以人为本、全程指导的原则，就是在坚持科学发展观的前提下，将以人为本全面发展的教育思想贯穿于就业能力培养的全过程，这是素质教育发展的必然要求，也是素质教育发展的高级形式。具体到教育活动上就是在实施高等教育和进行大学毕业生就业指导中，把大学毕业生当作主体，给学生充分的空间，使其自由发展而不逾矩；引导其顺其自然，而不是硬性规定拔苗助长。培养大学毕业生的主体意识，让大学毕业生充分认识到自己主体性存在的价值和意义，在此基础上提升大学毕业生个体就业能力的意识培养和能力建构。

高等教育提升大学毕业生就业能力，坚持“全程指导”的原则，需进行高校品牌战略塑造，在大学毕业生就业能力的提升过程中应充分实现学校与社会的互动，充分发挥学校与社会的相互促进作用；使学生充分了解社会以及各专业在社会上的实际应用和发展现状。在实际操作中，需将已就业的毕业生状况纳入就业能力培养全过程的重要参考中，注重对毕业生的持续跟踪评估，利用这一杠杆，推动高校自身品牌的建立和自我发展，促进大学毕业生就业能力提升全程指导体系形成。只有通过对高校教育最终结果——大学毕业生的实践验证，才能从本质上抓住其就业能力提升的关键问题，进而产生实效。

（二）提升大学毕业生综合素质与职场适应能力并重的原则

随着市场经济的不断推进和技术的进步，我国的企业不断走向成熟和规范。现代化的企业管理需要各方面的优秀人才，相应地对员工的要求也越来越高，导致高等教育大众化背景下显现出大学毕业生就业中一个较为突出的现象即就业的“结构性矛盾”，具体表现在：大学毕业生综合素质的培养与职场发展需求相脱节。针对这一现象，为了适应企业和社会的新要求，结合高等教育大众化阶段人才培养的特点，高校在大学毕业生就业指导工作中，应注重大学毕业生综合素质的提高要与职场的适应能力相结合，坚持提升大学毕业生综合素质与职场适应能力并重的原则，为社会为企业输送德才兼备的实用型人才。实际操作需从以下几个方面努力：

首先，培养大学毕业生终身学习的能力。其次，把培养大学毕业生的职场适应能力作为一项重点工作。这是大学毕业生进入职场的角色转变和对工作环境的适应能力、团队融入能力、人际关系处理能力的综合要求。最后，注重社会实践历练。大学毕业生不仅需要记忆和传播知识，更要学会如何运用知识服务社会，学会如何“做人”和如何思考问题。高校也要积极转变大学毕业生被动学习的传统，引导其主动参与社会实践，使其所学知识、技能与社会需要有机结合。

（三）大学毕业生职业发展“三自”原则

职业作为个体生活的重要组成部分，既不像家庭那样成为我们出生后存在的固有且独特的社会结构，也不像货架上的商品那样可供我们任意挑选。它更像朋友或合作伙伴，既存在，又不一定在眼前；与其结识不乏机缘，但更需要自我的设计和自我的奋斗。加强大学毕业生就业能力的提升，同样需要遵循个体职业发展的规律，坚持大学毕业生职业发展自我调适、自我定位、自我规划的“三自”原则。

高等教育大众化背景下，面对严峻的就业形势，提升大学毕业生就业能力，高校应从大学毕业生职业发展的高度着想，在提升大学毕业生就业能力的过程中，按照职业生涯规划理论加强引导大学毕业生准确定位、明确目标、合理规划、使其明确切入社会的起点并为其提供辅助支持和后续支援。其中最重要的是引导大学毕业生了解自身职业生涯规划的意义并培养其职业生涯规划的能力，明确自我人生目标和自我职业定位，让大学毕业生在实践中逐步明确“我能干什么”“社会可以提供给我什么机会”“我怎么干”等问题，使个人的职业理想具体化、可操作化。

二、提升大学毕业生就业能力的机制

高等教育大众化背景下，大学毕业生就业能力的提升是一个系统的工程，需要社会各个部门的参与和各环节的配合，在坚持大学毕业生就业能力提升相关原则的前提下，建立良好的运行机制，这些机制主要应包括以下几个方面。

（一）形成以政府、高校和用人单位三方联动为基础的合力机制

政府、高校和用人单位应充分认识到大学毕业生就业问题的重要性和紧迫性，要始终坚持“立德树人”“以学生为本”的育人理念，以制度政策、教育理念、方式方法改革为着力点，切实为大学毕业生的就业创造各种有利条件，注重从政策层面以及实际措施上给予大力支持。高校需要整合各种资源，加强各方联系与沟通，广辟渠道，提高大学毕业生的综合素质和就业竞争力；加强指导，教育和引导大学毕业生转变就业观念；在校企合作培养大学毕业生就业能力的基础上形成合力机制，努力构建全方位、多层次的大学毕业生就业能力提升体系。

（二）构建以就业为导向的人才培养机制

解决好大学毕业生就业问题，是社会、高校、家庭和学生的共同愿望。紧密结合社会需求，构建以就业为导向的人才培养机制，是高校提高毕业生就业竞争力的有效措施。

当前，要以就业为导向，增强学科专业设置的职业针对性，使学生的知识结构能很好地适应就业岗位的需求。以就业为导向，创新人才培养模式，充分发挥社会在人才培养方面的潜能和作用，在促进大学毕业生职业能力形成的同时，通过用人单位和大学毕业生之间的了解沟通，为大学毕业生就业开辟新的途径。以就业为导向，构建大学毕业生创新平台，不断提升大学毕业生创业和实践的能力，这种新的教育价值观注重评价大学毕业生在

创新能力培养和训练过程中的表现，将有效提升大学毕业生的职业竞争力。

（三）完善大学毕业生个性化就业指导机制

高校的就业指导工作应注重点面结合，一方面，扎实做好基础性的就业指导工作；另一方面，把个性化就业指导贯穿于大学毕业生职业生涯规划之中。通过个性化就业指导课程、个性化职业生涯规划设计辅导、个性化就业咨询约谈方法、个性化多元就业信息沟通渠道等，对不同类型的大学毕业生进行个性化就业能力提升。

高等教育大众化背景下，通过个性化就业指导与服务，科学设计不同毕业生个体发展的最佳路线，满足大学毕业生对就业指导的个性化需求，是就业指导工作走向成熟的体现，也是高校就业指导工作的发展趋势和未来目标。

三、提升大学毕业生就业能力的对策

基于高等教育大众化背景下大学毕业生就业能力存在的现实问题，当前应从以下几个方面入手，致力于全面提升大学毕业生的就业能力。

（一）着力加强大学毕业生创业能力

首先，政府需进一步改善相关配套机制。政府应加大对大学毕业生创业政策的宣传力度和普及力度。提供更多的创业孵化基地和创业实践场所，增强大学毕业生创业扶持的政策力度和执行力度。着力建设一些创业培训机构，免费为大学毕业生提供创业方面的培训指导。降低创业门槛，为大学毕业生提供更多的创业实践的机会，让大学毕业生在创业中历练成长，积淀创业的素质和能力。

其次，高校应全面提升大学毕业生的创业能力。一方面，加强大学毕业生创业能力的培养，是高校贯彻教育与生产劳动相结合，推进素质教育的必然要求，也是实现高校人才培养目标，以创业促就业，提升大学毕业生就业能力的现实需要。因此，高校理应摒弃应试教育的弊端，高度重视大学毕业生创业能力的培养。另一方面，明确创业内涵，把握大学毕业生创业能力培养的时代性。努力将大学毕业生培养为适应性强、个性特长鲜明的创业型人才。

再次，构建培养机制，把握大学毕业生创业能力培养的规律性。在我国，创业教育尚处于萌芽阶段，因此要积极借鉴国外高校优秀的创业教育理念，加速构建我国大学毕业生创业能力培养机制。创业教育效果的评估要以运用知识解决实际问题的能力、获取信息和处理信息的能力、合作竞争的能力和专业技能与创业的结合能力为重要指标，设立相应的考核体系。适时开展相关活动，拓宽视野及创业能力。通过构建机制，把握规律，促进大学毕业生创业能力的培养。

最后，创新培养模式，加强大学毕业生创业能力培养的创造性。高校建立以学习者为中心的培养模式，提供灵活多样的课程安排和开发多样化、个性化的学习模式，提倡探究式学习，包括以问题为基础的学习、以研究为基础的学习、以发现为基础的学习等，赋予大学毕业生独立自主的创新空间。建立创业教育平台创新培养模式，加强高校内外创业基地建设，充分发挥社会实践、创业实习、创业实验及创业计划大赛、职业规划竞赛等在增强创业意识与创业能力方面的作用。广泛利用社会资源，高校可聘请创业成功人士为大学毕业生开设讲座、做报告。同时，高校与政府合作抓创业，合作建立大学毕业生创业工作站，为大学毕业生创业提供良好的平台。积极组织校内创业政策咨询、专题讲座、周末创业沙龙等创业教育活动，营造浓厚的创业氛围，提升大学毕业生就业能力，以创业促就业。在制度、政策方面，政府、高校和社会通力合作，为大学毕业生创立有利的创业环境，如休学创业制度、设立创业基金、成立创业促进会、联谊会等。创业教育平台可通过典型的创业实践和普通的创业教育两种模式激励引导大学毕业生创业。

（二）注重求职应聘能力历练

大学毕业生应发挥个人主观能动性，主动寻求机会，寻求尽可能多的途径全面提升个人的就业竞争力。

一方面，大学毕业生在校学习时应积极参加社团活动，加强社会历练，提升个人的应聘技巧。在积极参与社团活动的过程中，逐步形成积极乐观的心态、坚忍不拔的意志品格、勇敢自信的良好精神风貌，这些因素都是大学毕业生在就业求职过程中凸显优势的重要因素。在此基础上，大学毕业生要学会更加准确地进行自我定位，培养和提高自身的综合能力，获取有效的求职招聘信息增强就业技巧，提高就业的成功率。

另一方面，大学毕业生应积极转变观念，主动增强职前意识的培养和锻炼。大学生毕业后，在从学生到社会职业人的角色转换过程中，可能会暴露出众多职场新人茫然失落和困惑的现象，这就需要大学毕业生提前加强职前意识的自我教育：在进行职业生涯规划时应调整好自身期望值，客观地自我定位，既要考虑到社会的发展趋势对人才职业素质的要求，又要不断加强自身知识的学习与技能的培养，将远大的职业理想和可操作的近期职业规划有机统一，才不会好高骛远，茫然失措。

（三）增强大学毕业生职场适应能力

大学毕业生就业能力是社会评价高校教育水平的重要指标，部分社会机构、用人单位、学生父母对高校综合水平的评价已逐步从多年前过多注重学校名气转向关注就读学生的就业能力。高度重视大学毕业生就业能力的培养是解决大学毕业生就业难的问题以及保障大学毕业生顺利就业的重要途径。新形势下高校提升大学毕业生就业能力，应从以下方面入手，以就业和社会需求为导向，增强大学毕业生的就业信心和职场适应能力。

首先，注重大学毕业生就业能力基础平台体系和开发体系的建设。可以结合校庆活动

和暑期就业调研活动，分别向学生、校友和用人单位发放调查问卷，多重视角了解其对大学毕业生就业能力的评价，在掌握大量数据的基础上，逐步构建大学毕业生核心就业能力的基本理论框架，建立起以职业特定能力、行业通用能力、核心能力为中心的既有区别又相互联系的能力模块，以适应不同条件、不同职业对能力的要求，最终形成提升大学毕业生就业能力的基础平台体系和开发体系。

其次，深化教学改革，开展大学毕业生自我就业能力构建服务。加强教学改革和就业指导力度，加强就业指导课程培养方案和教学计划改革，构建以就业预警为手段，以开拓就业市场为重点，以提高人才培养质量为核心的就业预警与人才培养联动体系。在就业指导过程中，一定要结合大学毕业生专业意识教育，培养大学毕业生学习适应能力，加大对大学毕业生专业学习兴趣的引导。

最后，高校应与政府创办的大学毕业生创业服务中心或创业孵化基地合作。共同开展大学毕业生职业生涯规划大赛，注重对大学毕业生在职业意识、职业生涯规划、就业期望及职场适应等方面的教育引导，使大学毕业生明确职业发展方向，合理规划职业生涯，基于职业路径的需要进行自我就业能力的建构，增强大学毕业生职场适应能力和职业发展能力。

（四）强化大学毕业生实践能力

马克思主义哲学认为实践是人自觉改造客观世界，使外部对象发生某种改变的现实的物质性活动。实践是人的活动，而人是社会的人，并处在一定的社会关系之中，因此，实践不是个人孤立的行为，而是整个社会的活动。实践出真知，加强实践锻炼，可以增长才干并更好地适应不断变化的客观世界，适时适度地改造客观世界和主观世界。在提升大学毕业生就业能力的过程中，政府和用人单位应该积极参与，扶持大学毕业生创新实践能力的培养，高校应积极引导，服务于大学毕业生实践能力的提高。

首先，政府应该积极参与到提升大学毕业生就业能力培养的全过程中，针对大学毕业生就业能力培养的需求和用人单位人才需要，积极出台相关校企合作政策，并完善相关配套的培养机制，细化培养措施。应加强并完善大学毕业生实习相关规章制度的设立，为大学毕业生实习提供有力的政策支持，保障大学毕业生实习时的合法权益，促进校企人才合作培养的良性机制的形成，真正实现大学毕业生实习的规范化和制度化。

其次，用人单位应进一步增强校企合作中的主动意识和社会责任感，服务于大学毕业生实习和社会实践能力的提升。用人单位应进一步增强校企合作的社会责任意识，以更加积极的心态参与校企合作实习基地的构建。同时，根据实际需求进一步增设实习岗位，为大学毕业生创造更好的实习机会和实践条件。当然，在学生实习过程中，企业可以加强对学生能力的考查，加大人才储备队伍，为用人单位的社会公信力和其发展壮大打下良好的基础。

再次，高校应进一步加强引导，为大学毕业生实践活动提供平台。目前，国内外经济形势受复杂因素影响正变得日益严峻，部分企业面临着困境，可能会引起部分国家和地区在政治、经济、文化等各个领域和各个方面的深刻变革，从某种程度上对人的发展提出更多、更高的要求。经济全球化既是一种经济现象，又是一种政治意识和文化精神的体现。国与国之间的各种竞争，归根结底就是人才的竞争，而人才的培养又是和教育密不可分的。当前就业形势有一定的严峻性，如何在毕业后的第一轮竞争中站稳脚跟，这是在校大学生需要认真思考的问题。由于实践能力的培养有助于大学毕业生提高自身综合素质，高校应注重教育毕业生积极参加社会实践并努力提升自身综合素质，这是学生毕业前高校一项重要的工作，这项工作有助于大学毕业生了解社会和自我定位。高校应积极组织指导学生参加一定的社会实践活动，有助于加强学校教育同社会实际相结合，促使学生全面发展、可持续发展。

最后，在企业方面，近年来随着高校毕业生人数的激增，用人单位对大学毕业生的要求也越来越高，除了看重学历之外，还越来越注重毕业生的综合素质和实践经验。对大多数大学毕业生来说，与其说是就业困难，倒不如说是就业迷茫。他们无法准确规划自己的职业生涯，没有充分认识到学校和社会之间是有很大差距的，往往对社会的了解过于简单化、片面化和理想化，没有清楚地认识到社会对毕业生的要求与期望，而多数企业往往对应届大学毕业生表现得较为淡漠，认为大学毕业生缺乏工作经历与生活经验、心态不好、角色转换慢、适应期过长。他们在录用和挑选毕业生时，同等条件下，会优先考虑曾参加过社会实践、具有一定组织管理能力、纪律性强的毕业生。这就要求当代大学毕业生必须注重自身实践经验的积累，培养自身适应社会、融入社会的能力。

（五）培养大学毕业生敬业精神

敬业精神是做好本职工作的重要前提和可靠保障，也是克服职业领域种种问题的需要。大学毕业生无论是选择就业，还是创业，首先学会的应该是敬业。

首先，高校要培养学生的敬业意识，增强纪律观念。作为大学生，敬业精神的首要表现就是：热爱并专心致力于自己的学业，学习认真刻苦，学习目的明确，态度端正，具有强烈的上进心和求知欲，努力取得最好成绩。同时，高校应注重培养大学生在校期间遵守校规校纪的意识和强化纪律意识。一个纪律观念差的学生，通常习惯于学校的悠闲生活，对工作单位严格的管理制度不是很适应，或对工作单位的规章制度视而不见，极有可能会因违反正常程序而被单位淘汰出局。

其次，大学毕业生自身要对工作心存敬畏和感激之心。敬业要做到恭敬，要对职业行为表现出充分的敬意。要严格遵照职业行为所要求的各项纪律章程，一丝不苟地对待职业

活动中的每一环节。敬业要做到笃信，即保持对本职工作的信念和社会价值的认同，相信自己所从事的工作是有意义的工作。同时，还要养成“工作中无小事”等优秀的工作习惯。从小事开始，循序渐进地锻炼意志，增长智慧。

最后，企业应增强对入职大学毕业生的责任感的培养。使入职大学毕业生以高度的责任感对待工作，这是敬业的关键所在。敬业精神是一种基于对工作、对事业全身心投入的责任感。责任感是热爱生活的表现，是可贵的品质。对家庭负责的人，专一而又宽容。对社会负责的人，坚贞而又崇高。对工作负责的人，敬业而又无私。想做好一项工作，责任感是第一位的，所以，企业在大学毕业生实习或其入职培训中要灌输“敬业即是以高度的责任感把本职工作做好”的意识，敬业爱岗，才能为社会提供优质的产品或服务，高度的责任感是敬业精神的有力体现。

参考文献

[1] 耿朋. 二战及战后环境对美国高等教育大众化的影响 [D]. 石家庄：河北师范大学，2010.

[2] 胡海建，李曙豪. 后大众化高等教育创新驱动研究 [M]. 北京：光明日报出版社，2016.

[3] 郝敬楠. 高等教育大众化研究综述 [J]. 江苏教育学院学报（社会科学版），2012，28 (2)：49-51，117.

[4] 李晓晨. 马丁·特罗的高等教育大众化理论在中国的引进及其影响 [D]. 太原：山西大学，2011.

[5] 李萌. 大众化进程中河南省高等教育财政责任研究 [D]. 新乡：河南师范大学，2011.

[6] 李琳. 我国高等教育后大众化阶段的特征 [J]. 文教资料，2013 (8)：96-97.

[7] 刘晓琳. 后大众化阶段日本高等教育发展策略对中国的启示 [D]. 济南：山东师范大学，2010.

[8] 欧阳杰. 高等教育大众化背景下高校学生思想政治教育研究 [D]. 武汉：华中农业大学，2011.

[9] 唐萌. 大众化视域下我国高等教育质量观的理论建构 [D]. 开封：河南大学，2011.

[10] 魏鸣. 高等教育大众化时代的宣传思想工作（续） [M]. 杭州：浙江大学出版社，2011.

[11] 王艳艳. 美国高等教育后大众化阶段的信任危机研究 [D]. 荆州：长江大学，2012.

[12] 徐艳秋. 基于文化视角下的中美高等教育大众化路径比较 [D]. 济南：山东经济学院，2010.

[13] 向佳文. 大众化后期地方本科院校就学形态研究 [D]. 荆州：长江大学，2017.

[14] 杨应慧，邱其霖. 高等教育后大众化背景下的教育公平问题探析 [J]. 老区建设，2017 (24)：61-65.

[15] 袁浪华. 高等教育后大众化阶段质量提升的壁垒及应对 [J]. 山东高等教育，2018，6 (2)：21-26.

[16] 岳枫. 山西高等教育大众化的问题研究 [D]. 太原：山西大学，2012.

[17] 赵欢春. 高校推进马克思主义大众化的路径研究 [D]. 南京：南京师范大学，2011.

[18] 周阳. 我国大众化阶段高等教育质量影响因素研究 [D]. 镇江：江苏大学，2010.

[19] 周旭枚. 高等教育大众化初级阶段及中国应对策略研究 [D]. 湘潭：湘潭大学，2011.

[20] 杨晓琴. 广西—东盟高等教育合作现状及对策研究 [D]. 桂林：广西师范大学，2011.

[21] 蒋冀骋. 论高等教育质量的内涵 [J]. 湖南师范大学教育科学学报，2004 (6)：67-70.

[22] 刘智远. 高等教育强国视域下提高高等教育质量和水平的探析 [J]. 高等教育研究，2009，30 (8)：27-32.